天下·文化
BELIEVE IN READING

你的問題不是問題

轉化困境為力量的薩提爾對話模式

李崇義 著

The problems
are not the problem.

目次
contents

2

對話前的裝備

看見了他人的內在冰山，我們帶著神聖、安定與接納的心逐漸靠近他人，就有機會讓當事人打開新的覺知，找到支持的力量。

3

OMIYA對話路徑　173

在對話中來回確認五個要點，了解生命的掌控權操之在己，幫助自己尋找新方向，繼續往前行。

The problems are not the problem.

前言

看懂問題的底層邏輯

二〇〇八年秋天，北京一家資訊軟體公司希望我從台北搬到北京幫忙成立新的事業部門，開拓新業務領域。

當時頗為匆促，我收拾好簡單行囊就隻身前往北京，住進公司附近的酒店，太太留在台北整理房子，兩星期後才來與我會合。

初來乍到，北京一切對我甚是新鮮，這個過去只出現在電視劇裡橫跨明清到近代的古都，而今卻是我生活棲息之地。炎熱的夏季剛過，此時正是最舒服的時候，銀杏飄黃搖曳、蘆花隨風擺盪、後海碧波蕩漾，但對我這個壯志未酬的青年而言，美景卻是倏忽飄散，視而未見。

我每日往返酒店與公司，顧不上眼前景色，心裡想的僅是該如何達成上級交辦的目標、如何打造能夠為公司爭取最大利潤的團隊。無疑的，我正值職場機會、薪資和體力的揚升階段，同時仍然秉持目標至上的心態，其餘不相干的事物在眼裡相形變得不重要。

太太抵達北京後，在找到租屋處前，我們暫時蝸居在約十坪大小的酒店裡。她剛到北京人生地不熟，只能由我帶她到附近餐館果腹，不然住台北時，所有覓食工作幾乎都是她一手包辦，我很少擔心吃飯的事。

某日我帶太太到公司附近的路邊小餐廳吃飯，中午時段許多北漂年輕人出來打牙祭，大家對於餐廳髒亂的環境似乎不以為忤。因為仍在大量開發階段，道路周遭塵土飛揚，北方人隨地吐痰的聲音此起彼落，電動摩托車四處亂竄，在太太腦海裡刻印了不好的印象。

我點了一籠小籠包與麵食和太太湊合著吃，她看著牆上菜單點了牛肉燴飯。熱騰騰的小籠包端上桌時，太太眉頭一皺道：「這個蒸籠看起來有點髒，好像沒怎麼洗。」

「都這樣啦，將就點吧！」我有些不耐的說，順手掀開蒸籠蓋，露出乾癟的小籠包，太太此時瞪大眼睛說：「那個……蒸籠底部的棉布怎麼是黑色的？」

「我也不知道，那……應該是白色……的吧？」我也沒發現原本應該是白色的防沾黏棉布不知道經歷過多少次蒸煮早就變成灰黑色。其實我知道，店家應該不在意環境衛生，小本生意恐怕也顧不上那麼多。

如果當時有攝影機搭配後製，想必我的臉上應該會出現三條線，不知道該怎麼搭話。

太太看見路邊餐館的環境雜亂無章、蒸籠外觀老舊、內部白色棉布發黑，早就沒有食欲，索性放下碗筷不願入口。

「你如果不想吃，就等一下你點的燴飯吧！」看著太太的動作，我無奈的說。

「這個小籠包看起來不乾淨，你怎麼吃得下？」太太驚訝道。

「不乾不淨、吃了沒病，大家都這樣吃。更何況這一籠小籠包才人民幣三塊錢，別太較真。」

太太低下頭來悶不吭聲。

沒過多久，牛肉燴飯上桌，我順勢挪到太太面前，請她忍耐吃一下。她很不情願扒了一口飯，緩緩抬起頭看著我說：「下面的飯是涼的，我不要吃了。」語畢大大嘆了一口氣。

看到眼前的場景我心裡也慌張，不知道該對太太說些什麼安慰她。當時我心想，也不過就是剛到北京我還不熟悉哪裡有乾淨、衛生或好吃的館子，我為了家庭北漂來京是為誰辛苦為誰忙，沒必要將飯不好吃的責任怪在我身上吧！我心裡同樣委屈呀！

「你幹嘛這樣，好歹吃個一口，不好吃再去別的地方吃。」我試圖安慰。

太太搖了搖頭，冷不防的眼淚嘩啦嘩啦落下。

看見她在餐館落淚，我除了心疼也頗為著急，馬上對她說：「你幹嘛這樣，剛來北京我們都不熟，路邊餐館就是這樣，又不是高級餐廳，別要求太高。」

太太低著頭不為所動。

「拜託，你要是真的不想吃，就算了，別吃了，我們再去找別的地方，看你這樣我也很難過，只是這附近的餐廳可能都不如你意，換了也未必更好。」我愈說愈激動，覺得自己也委屈了。

太太只是搖著頭沒有答話，眼淚止不住滴滴答答落在餐桌上。九月下旬的北京城街道上，路樹開始凋零，隨著秋風一陣陣，街上落了一地葉子，看來頗為淒涼。

我的心境何嘗不是如此。好不容易從台北搬遷至北京，我何苦離鄉背井來到人生地不熟之地打拚，在工作還沒有熟悉之前，更不可能花時間、花心思去照顧太太的生活起居。怎麼沒有人看見我的無奈與委屈呢？

我盡力想在口頭上跳出當前泥淖，擺脫眼前問題，絞盡腦汁說了一番大道理，試圖說服太太不要太挑剔，無奈她只回了句：「根本不是這個問題。」

「不然是什麼問題？」我提高聲量不甘示弱的回問。

多年之後，我投入學習薩提爾模式，對於冰山隱喻特別著迷。美國家族治療大師維琴尼亞．薩提爾（Virginia Satir）認為每個人都像是一座冰山，浮在水面上的僅僅占了少部分，更大的區塊潛藏在水平面之下。我們經常看見一個人外在行為或事件就急著反應，試圖解決我們認為的問題，卻忽略其實水平面下沒看見的冰山才是一個人的核心與發展歷程，當我們忽略人的主體，只在乎水平面上的部分，無疑就是否定一個人真正的存在價值。

我在《冰山對話》談過冰山的各個層次及我們慣用的應對姿態，在這本書裡，我想要花多一點篇幅討論如何拆解、建構一段深刻、高品質的對話，用簡單直觀的方式引導讀者看懂每個問題背後真正的底層邏輯，並且打造新的對話迴路。

1

問題不是問題

高品質的對話取決於談話人的內在是否穩定，
需要先連結自己的內在感受，
再來練習談話技巧。

二〇二三年真實故事改編的電影「GT：跨界玩家」（*Gran Turismo*）描述長期沉浸賽車模擬遊戲的玩家揚．馬登伯勒受到日產汽車招募，從遊戲玩家轉為真正賽車手的故事。

揚接受教練索爾特的指導後，實戰賽道車技大為精進，信心滿滿的從紐博格林賽道出場，這是他的第一場秀。開頭起跑相當順利，也保持在前方位置，但後來在某個上升斜坡速度過快，高速運動及氣流作用導致車頭突然被抬起，直接飛撞滿是觀眾的看台，造成一位觀眾喪生。

揚被送往醫院後，得知有人因此而死，內心大為震盪，從原本志氣爆棚的賽車手變成意志蕭條、毫無鬥志的戰敗公雞。

「如果我當初不要加入賽車，就不會害死人。」揚很自責的說。

「我沒辦法繼續了。」揚哭著告訴教練索爾特。

索爾特後來帶著揚回到出事的賽道，看著遠方觀眾看台及熟悉的場域，對揚說：「你可以選擇放棄，這沒什麼問題，但我要告訴你，『這場車禍不會定義你是什麼樣的人，而是你接下來的回應才會真正定義你是什麼樣的人。』」

我在螢幕前聽到這句話時，突然整個人震動了一下，這不就是薩提爾女士著名的信念之一——問題本身不是問題，如何回應問題才是問題。

薩提爾女士說過，問題將永遠伴隨我們。問題本身不是問題，如何應對問題才是問題。這就是影響人們的原因，而不是「問題」。當我們學會以不同方式應對，就會以不同方式處理問題，問題也就變得不一樣。

曾幾何時，我們被眼前的問題「誆騙」心智，把本來鬥志高昂的戰士打入冷宮，讓他萬念俱灰。還記得剛畢業、初出茅廬卻毫無畏懼的自己嗎？當我們天真的以為從此世界將為我的存在而歡欣鼓舞時，迎接我們的卻是一道又一道的無情關卡，像是韓劇「魷魚遊戲」裡眾多闖關的「參賽者」，飽受各種挑戰無法全身而退。

◆把自主權還給當事人

輝達（NVIDIA）創辦人黃仁勳由於AI崛起在全世界備受矚目，他曾經在接受訪談時回應什麼才是最好的工作，他說：「以前聽過一句話是『你應該根據興趣與熱情來選擇職業』，人們總喜歡把『熱情』連結成『快樂』。當你從事不容易做的事情時，不會總是享受它。我不是每天都喜歡自己的工作，我也不認為工作會每天都帶來快樂，反過來說，快樂的一天不見得代表『美好』的一天。我不會每天甚至每年都為工作和公司感到快樂，但我每一秒都熱愛我的工作。忍耐、承受困難、努力不懈，這些都是讓你到頭來為自己感到驕傲之處。偉大的成就並不是俯拾皆是、快樂取之，反之，是經歷痛苦與折磨而來的。你要成就偉大，先得經歷這些。」

我們首先需要在身體裡植入重要的基本價值與信念，就像國家的憲法一樣，當信念牢牢扎根之後，其他細微思想就會隨著這些骨架蔓延開來，不至於有太大的偏頗。

對於人，薩提爾女士有著諸多的信念，例如：

- 改變是有可能的。
- 感受是為我們服務的。
- 每個人都有內在資源。
- 我們永遠都有選擇。

・我們無法改變過去，但我們可以改變過去事件帶給我們的影響。
・改變著重在歷程。

我愈熟悉薩提爾模式就愈發現，以家族治療為本體的薩提爾模式圍繞著「人」的特質、發展歷程和核心動能來進行大量工作，而非試圖解決人所面對的問題。換句話說，一個人看見的問題在治療師眼裡都不是問題，而是這個外在刺激如何影響一個人、為什麼是這個人被影響、過去的經驗是怎麼在這裡受到勾動、在這個刺激之下你是如何反應、你是否看見自己的能力、資源與選擇？

二十世紀中期著名的人本主義心理學家卡爾・羅傑斯（Carl Rogers）把自己的治療方式稱為「當事人中心療法」（Client-Centered Therapy），基本概念是以個案為核心，由治療師與當事人建立正向關係，並對當事人採用「無條件正向關懷」（Unconditioned Positive Regard）。

這個以人為本的理念基本上與薩提爾女士的信念不謀而合。當我們能夠清楚看見而且尊重一個人的內在冰山，把自主權還給當事人，而非由我們給予大量指導，那麼可以相信這個人會找到最適合自己的方式清除眼前障礙，並充滿正向、接納與關懷他人的揚升能量。

既然問題本身不是問題，如何在對話裡運用技巧分辨「當事人」其實面對的問題也不是問題呢？

接下來，我將一一提出各種不是問題的問題來幫助你理解，我們如何在對話時清楚看見隱藏在表層底下的真正議題。

問題聚焦在別人身上，不是問題

許多年前，我在工作坊下課後與一位媽媽閒聊，她談到對兒子的教育理念，說因為只有一個孩子，對他傾注很多資源，也希望孩子在健康環境長大。

聊了幾句之後，她話鋒一轉問我：「老師，你對這附近的學校熟不熟悉，有沒有推薦的學校？我想讓孩子轉學。」

「你的孩子多大？」我問。

「剛上國中一年級。」媽媽說。

「你怎麼會想讓他轉學呢？」

「他天生比較木訥，不善言詞，上了國中之後我看他和同學相處得不是很親近，也發現可能在學校會被其他同學霸凌，所以想請問老師是否有推薦的學校。」

看到這裡，我們試著思考一下，如果是你，會就自己所知提供一個覺得最適合的答案給這位媽媽嗎？例如我知道哪一所學校不錯、聽說某所學校的學生很單純，或是對附近不熟，不知道哪所學校比較符合你的需求。」

這類回答通常不是一段深刻對話好的起手式，直接給答案代表我們缺乏進一步理解對方的動機，只想交差了事，卸下重擔。

要記得，問題不是問題。

這位媽媽傳遞的訊息透露孩子可能面臨的困擾，但絲毫沒有提起孩子的狀況給她帶來什麼困難。如果我們陷入當事人替代性（她兒子）的問題裡，就會忽略一個更重要的訊息，就是當事人經歷哪些困難、遇到什麼痛苦、承受什麼刺激？

把焦點拉回到當事人身上，就可以發現許多隱而未現的真正課題。

「你兒子在學校被霸凌嗎？你跟孩子核對過嗎？轉學是你的意思還是兒子的？」我問這位媽媽。

「他沒有明說，但我覺得他在學校不是很開心，我不想讓他被霸凌，雖然兒子說不要轉學，但我還是想打聽一所好學校讓他轉過去。」

「所以是你的想法，不是兒子的。」我跟媽媽核對。

「是的。」

「你剛剛提到霸凌這個詞彙，你很擔心孩子在學校被霸凌嗎？還是與你自身經驗有關？」

媽媽察覺孩子在學校人際關係可能出現狀況，直覺是遭受霸凌，但孩子卻不想轉學，反倒是媽媽想要孩子轉學，這個想法是怎麼來的呢？

我問出這個問題之後，媽媽怔忡一會兒，身體微微震動，突然眼眶泛紅，緩緩告訴我：「老師，你好像說出了我的問題。我小學五年級時被同學霸凌，當時很痛苦，所以不希望兒子經歷一樣的事。」語畢，這位媽媽眼淚一滴滴落下。

◆看見內在陰影

我們可以從對話看見「想打聽附近有沒有推薦的學校讓孩子轉學」其實不是這位媽媽真正的問題，而是恐懼孩子被霸凌的情境勾動她過去的經驗，她真正困擾的應該是先去看見內在被過去陰影籠罩，導致現在有「轉學」這個直觀想法。

當然，直接推薦學校讓孩子轉學未必不是可以考慮的選項，但如果她不理解自己的陰影在哪裡，未來很有可能還是會受到過去經驗影響，再次陷到不知如何是好的輪迴裡。

一段深刻或高品質的對話重點在於激發當事人產生未曾想過的念頭、未曾體驗的感受，或是重新思考現在的觀點是否合宜。它們總是默默浮現在一大片曠野，來自於未知，結束在覺知。

如果眼前的當事人糾結在如何解決他人的問題，我們要適時找機會將課題拉回當事人身上，才能幫助他們看見黑夜裡的一點星光。

主觀認定的現實，不是問題

這個世界是你眼中的樣子，不代表它就是事實。

追求「客觀」事實的時候，我們要特別留意，客觀只是「主觀」的另外一端，凡是我們眼睛看到、耳朵聽到、身體感覺到、鼻子聞到或舌頭嚐到，經過大腦翻譯、探索、比對，再由各種不同方式表達出來時，我們早就進行了一種「主觀」的加工過程。

我們對話時，如果想好好了解一個人，需要知道對方看到什麼，他的解讀又是什麼。這個世界有八十億顆腦袋就有八十億個不同的觀點，發揮著無窮無盡的創意在建構他們的世界。也因此，每個人的世界觀都非常個人，融合過去的記憶、教育、信仰、價值觀、欲望和期待等面向，整合成自己觀看世界的特殊方式。

根據建構主義，每個人都在創造現實，而不是被動的接受，人在從小到大接收到各式各樣的信息之後，形成自己的信念或一種規條，這也是薩提爾模式冰山架構裡觀點層次所探討的部分。既然觀點可以慢慢建構而成，自然也就能夠「解構」，這需要對話者的耐心，一步步探知對方是如何形塑這些看法的。

英國詩人約翰．米爾頓曾說：「心決定自己在何處，可把地獄變成天堂，也可以把天堂變成地獄。」

◆認知會因立場與角度而變化

好萊塢傳奇導演暨演員克林．伊斯威特二〇〇六年和二〇〇七年分別拍了「硫磺島的英雄們」及「來自硫磺島的信」兩部電影，兩者沒有任何關聯，但同樣描述慘烈的硫磺島戰役。

「硫磺島的英雄們」從美軍視角講述二戰期間（一九四五年）他們攻占硫磺島時遭遇日軍頑強抵抗，經歷一個多月大小戰役後，美軍傷亡慘烈，最後終於在硫磺島制高點插旗，象徵擊敗頑強的日軍。在這部電影裡，觀眾看見美軍大量死傷，對當年他們流血奮戰無不興起至高崇敬，對日軍的殘暴則期期以為不可。

「來自硫磺島的信」則是從日軍視角來看美軍的侵襲，僅有兩萬人的日本部隊做好完善計畫，準備對抗四萬美軍的襲擊。當然，從這個角度看，日軍慘烈犧牲，他們的愛國情操與奮戰精神值得歌頌，對於外來的侵襲則興起同仇敵愾之心。

就像另一部經典電影「西線無戰事」也有不同版本，從盟軍視角與德軍視角來看，有著截然不同的感受及衝擊。同一場戰役，卻有兩種解釋。

哪一個才是你認定的事實呢？說穿了，認知可能因為你的立場與角度有所變化，所以理解外在事蹟如何影響一個人才是對話關鍵。

一起事件發生時會衝撞人的內在冰山，受衝擊者的觀點會開始按照過去的經驗或認知去咀嚼、思考，然後透過語言或肢體輸出，做出個人的解讀。對話者如果把焦點不斷放在事件本身，或是最後「應該」做出什麼「正確」舉動，就會忽略人的觀點是如何形成，更進一步說，也會忽略感受和真正想要的東西。

◆跳脫過去的認知

優秀的行銷經理人丁丁與我主持過一整季 Podcast，聊到她媽媽時，她不諱言的說媽媽從以前就是個比較照顧自己、隨興的人。

「我和她有個難解的課題，每年母親節是我最害怕的日子，這一天她都會有很多情緒、一直刁難。」丁丁說。

「會有期待，是嗎？」我問。

「可能是期待，也可能是這一天渴望特別被重視。我的理解是，每年母親節就是要準備禮物、鮮花和大餐，外加噓寒問暖。每次聚餐她都姍姍來遲，或像今年直接爽約不來。」丁丁說。

「母親節她不來呀？」我問。

「對。」

「今年大家說好在餐廳集合，我知道媽媽通常會遲到，提前打電話提醒她準備出發，結果她的口氣感覺是不爽，我也不知道她在不爽什麼。」丁丁補充。

「等一下，丁丁。你是真的不知道還是假裝不知道，或不願意認真探究？」我在這裡提出核對。

很多子女與父母的溝通會出現障礙，是因為孩子太清楚父母講話的脈絡或一顰一笑的含義，所以這裡會有幾種可能：

1 真的不知道媽媽為何不高興。
2 隱約知道為什麼，但因為防衛機制升起，裝做不知道比較安全。
3 我不願意承認媽媽的情緒，因為可能會陷入對方的情緒勒索裡。
4 我不願意面對內心真實的聲音，因為在那個情境下的我已經受傷了。

我想知道丁丁是真的很了解媽媽，還是她的確不清楚媽媽的言下之意。

「因為她說：『如果你很忙，我們也不用吃這一頓飯。』她怎麼會說這種話，早就跟她說已經訂好餐廳了。我聽到這句話腦海就浮現：『又來了，其實是我沒有提前噓寒問暖，你要在這裡故作姿態一番。』」丁丁說。

「所以你知道原因。」我詮釋。

丁丁說，那時候她想當做沒發生任何事，撐過這次母親節聚餐就好，但後來還是忍不住對媽媽發牢騷：「你為什麼每年母親節都要刁難我？」

也因為如此，丁丁始終難以跨越母親節這個坎。

「你不願意正視媽媽問題的真正原因，會不會是心裡有很多委屈與無奈，卻還要反過來照顧媽媽的心情，所以你不願意妥協？」

當我點出丁丁的內在課題，她頓時紅了眼眶。

後來我聽丁丁陳述，她還沒上小學之前，爸媽就離婚了。媽媽不斷抓到爸爸外遇，雖然滿懷憤怒，還是無奈的離開。之後她有了新的家庭，自然沒有太多時間和理由與丁丁相聚。

從丁丁的視角來看，媽媽沒有花太多時間陪伴童年時期的丁丁，留她與父親相依為命，丁丁成年之後能夠與媽媽有所連結，並且在母親節釋出善意邀約聚餐，她已經盡力了，為何媽媽還要處處刁難？

「我很小的時候爸媽就離婚了，媽媽沒有機會照顧孩子，站在她的立場，應該也不知道怎麼為人母。」丁丁說。

「童年的眼光是媽媽沒有照顧我，是嗎？」我問。

「對。」丁丁回答。

「你個性比較像媽媽或爸爸？」我在這裡好奇。

「我覺得比較像媽媽。」丁丁笑中帶淚的回應。

我看出丁丁的兩難。她一方面不喜歡媽媽的所做所為，但另外一方面又發現自己性格與媽媽更像一點，如果討厭媽媽的行為，是不是在討厭自己呢？

丁丁成年之後學習了薩提爾模式，漸漸知道過去爸媽離婚給她帶來許多衝擊，也造成很多難以磨滅的影響，但難免陷入以前的認知當中，認為媽媽怎麼不尋思改變？

《紐約時報》專欄作家大衛・布魯克斯在《深刻認識一個人》書中寫道：「我們至少會經歷兩次童年。第一次，我們會用驚奇的目光經歷童年的一切，長大之後，又會回顧童年，以了解童年的意義。」

有人說，幸運的人用童年治癒一生；不幸運的人，用一生治癒童年。這段話頗為有趣，因為年輕時根本沒機會好好回顧童年發生什麼事，早已默默受到以前的影響在行事；等到年紀漸長，某一剎那才突然覺醒，原來過去的自己竟然受到那麼多外在衝擊影響，以前看待人事物的眼光多麼局限與單一。

後來，我把對話重心從丁丁母親挪回到她身上，理解她幼年時期極度缺乏母親的陪伴，導致心中很難過、很委屈，面對母親時這些情緒又不被看見，才會使她固守著原本的想法，認為媽媽不盡責、為何她不改變。

當然，現在我們知道這些問題都不是問題。

神經語言程式學（NLP）培訓師史帝夫．安德列斯（Steve Andreas）在其記錄薩提爾女士話語的書籍中，寫到：「在離開世界前，我希望這個世界知道人與人之間的溝通是透過肌膚、眼神和語言聲調的聯繫在進行，這些是我們學會講話之前就擁有的技能。父母觸摸我們、看待我們的方式，他們的聲音環繞著我們，這些都編寫進我們的身體裡。」

重新從當事人眼光看待外在給予的刺激尤其重要。

當我們將對話拉回到當事人，也就是丁丁身上，從她的眼光去看見為何會有這些看法，心裡是不是特別委屈，一旦被理解，她的觀點就有機會鬆動，不會一直糾纏在過去產生的印痕之中，如此一來，她也會願意從媽媽的視角來詮釋眼前的事物。

「媽媽其實也很辛苦，第二段婚姻也需要靠她努力工作維持經濟。」丁丁最後吐出這句話時，眼淚忍不住滑落臉龐。

當我們帶著童年的印記與負面的解讀，很多時候會連帶影響成年後與人的應對。當然，有時候隨著時間挪移，我們也會有所醒悟。

就像某一天，太太心血來潮做了晚餐，擺好餐具及餐點後，我發現她竟然怔怔的看著煎好的鮭魚發呆。

「你怎麼了？」我問。

「我突然發現自己以前是個壞人。」太太忽然聲音哽咽、眼眶泛紅。

「怎麼說？」我問。

「小時候媽媽每次煎鮭魚都切得一小塊一小塊，我都會發脾氣對她說：『為什麼要把鮭魚弄得這麼小一塊？外面都是一大塊很漂亮，你這樣看了就不想吃。』

「媽媽都會回說，小塊一點比較好煎、容易翻面，也比較不會燒焦。我以前會反駁說，日本人煎魚都很大一片，哪有人切成這樣。

「媽媽說大塊很好看，但家人吃不需要弄這麼大塊，每個人夾自己的比較衛生。如果我想吃大塊鮭魚下次自己煎，她也想知道我怎麼持家的。

「她這樣說，我就會回她以後別煎鮭魚給我吃。當時的我真壞，還跟媽媽較勁。」太太邊說邊掉眼淚。

我看著眼前的鮭魚，發現太太竟然和她媽媽一樣，切成大約三公分的小丁塊，於是問她：「你怎麼現在也這樣煎魚？」

太太慚愧的說：「因為這樣真的比較好煎，我真的對不起媽媽。」

◆解構視角，釐清成因及感受

大衛·布魯克斯說，要看清楚一個人，困難之處在於雙重視角。這意味著我們是否可以退後一步，了解每個人過去的經歷，以及那些觀點是如何造就，並且影響我們。

太太說以前總覺得餐廳的鮭魚又大又漂亮，切成小丁就代表小器、不足，所以看見一小塊一小塊的鮭魚就覺得自己很可憐，明明可以顯得大器一些，怎麼在家裡卻要做得這麼寒磣。

現在自己當家後才發現，家裡的簡單、隨意都是因為家人會有較多的包容與溫暖，彼此不介意形式，小時候不懂事，只看見世俗眼光的一面，卻忽略家裡的每頓晚餐都蘊含辛苦、汗水、勞力，以及每個人的貼心與接納。

人總是要自己走過一遭，體驗所有生活方式之後才會找到適合自己的方向，對我而言，鮭魚形狀不會影響我的口感，但對太太而言，她卻因此發現自己眼光的轉變。

要在對話中幫助人轉換觀點並不容易，因為這是一種長年的窠臼與綑綁自己的枷鎖，但既然觀點是人建構而成，自然有機會為它進行解構。當我們看見當事人困在眼前的事件或是困難之中時，要記得把焦點拉回其身上，幫助他們釐清這樣的視角是怎麼形成的，以及事發當下的感受，而非一味告訴他們「沒那麼嚴重」、「不要那麼想」，因為在冰山隱喻裡，這些語言是人的超理智應對姿態，忽略了對人的關注與接納。

迴避自己課題的問題，不是問題

薩提爾女士經常在工作坊裡運用「家庭雕塑」（Family Sculpture）幫助當事人釐清看見、聽見的訊息如何帶來衝擊，她會在現場邀請提問者做為工作坊示範的案主（Star），並請他在這個場域找其他學員扮演家庭成員角色，依據案主的描述，勾勒出他腦袋裡家庭成員的互動方式及應對姿態（包含指責、討好、超理智、打岔或一致性），有時她也會運用額外的道具（例如繩子），以戲劇化的方式「複現」案主腦袋裡家庭成員的應對。

長期追隨薩提爾女士的家族治療師約翰・貝曼（John Banmen）在一場工作坊闡述，薩提爾女士運用雕塑技巧重塑當事人家庭樣貌並賦予新的意義時，會著重在以下幾個部分，這些也是我們對話時很好的借鏡：

1 與人之間的連結

家庭成員平常如何互動？人際關係如何處理？哪個事件帶來什麼樣的衝擊？摒

除腦袋裡的負面思考，可以如何友善的與他人連結？

2 釋放感受

過去的教育或社會環境經常警告人們壓抑感受，避免因情緒干擾而做出脫軌舉措，所以我們為了避免動盪，開始迴避表達感受，甚至壓抑對他人的感受。薩提爾女士認為，如何讓當事人辨識、允許、靠近與接納感受至關重要。

3 重新體驗

我們的經驗會一點一滴烙印在大腦迴路，甚至是身體編碼裡，遇到類似刺激時就會被激發，這時候要透過對話讓人看見以往的經驗已經過去，我們可以重新定義新的經驗。

4 發掘未知

人們經常會陷入「非黑即白」的二元困境裡面，並且容易「過度概括」

（Overgeneralization）的表達看法，這種「限制性信念」（Limiting Beliefs）會限縮人們探索未知領域，忽略他人的正向特質。

5 辨識慣性

我們一出生就開始建構自己的世界，這個過程會受到父母語言、聲調、肢體、眼神等訊號影響，成年後也會受到社會影響，導致我們容易形成一種慣性回應姿態。在對話中幫助當事人發現這樣的慣性，有助於他終止慣性，嘗試新方法或策略。

6 接納過去

人無法回到過去改變已經發生的事，但可以學習接納事件帶來的衝擊，改變看待事件的眼光。

7 運用資源

我們的成長過程可能有順遂以及不順遂的經驗，不論哪一種，都會帶來滋養，讓我們從中獲得資源，只要懂得從中汲取能力並擷取需要而且適合的信念，就會轉化內在力量。

8 自我賦能／負責

當事人遇到挫折時，需要的是自我負責而非自我苛責。我們可以從對話中強化自我賦能，跳脫受害者的迴圈。

9 轉化能量

憎恨、憤怒、悲傷、難過和沮喪等感受興起時，通常也代表體內有強大力量，當感知與感覺發生變化，我們就能有效溝通，將力量主動用在當事人想要的地方。

10 資源整合

運用對話釐清每個時刻的內在衝擊及冰山元素，當事人會在觸及渴望之後，找到不曾體驗的感受，激發新的動能，這時候可以利用自身資源，重新設定目標，帶著喚起的生命力繼續向前。

我認為第八點談到的自我負責尤其重要。每個人都是自己生命的主人，也都能夠替自己做出最好的決定，如果有人只看到別人的所做所為不符合自己期待就忿忿不平、自怨自艾，沒有動力改善當前的困難，他很有可能並未意識到每個人都應該、也都可以為自己負責，面對自己的課題。

日本作家岸見一郎出版《被討厭的勇氣》後，許多人開始關注阿德勒心理學暢談的課題分離。

簡單來說，每個人都有自己的課題，我們應該要照顧好自己的課題，不要干預他人的課題，才能夠更好的處理人際關係。岸見一郎做了一個比喻，你可以牽一匹馬到岸邊，但是喝水與否是馬的課題，你無法逼迫牠，因為你一旦開始脅迫，就干涉了牠的課題。

你可能會想，那要怎麼讓馬喝水，或者是讓同事或員工順利工作？從對話的角度而言，你能做的就是傾聽並理解對方的內在冰山，找到對方遇到的真正問題，最後才可能在彼此有信任且尊重的狀態下，討論出最適合的方案。

由此可知，如果對話時對方圍繞在別人的課題、忽略自己的課題，那麼這個問題顯然不構成問題。

所謂「解決自身的課題」並不是意味著放棄溝通，而是先釐清我們遇到什麼議題，將重心擺在如何做好「自己的功課」，主要核心意涵包括：

1　忠於自我

看見在每個刺激當下，內在產生什麼感受、興起什麼念頭，並且承認、接納這樣的自己。

2　尊重他人

允許他人也擁有對自己生命的主導權，不去干涉、強迫或控制他人的想法與做法，以好奇的姿態靠近對方。

3 自我負責

分辨彼此的課題之後，接納他人的狀態，對自己的課題能夠負起責任，做出想要的改變。

◆改變對話型態，重啟談話路徑

針對辨析各自的課題，我用後文「玻璃心主管」案例來解釋。

某年暑假前，我到一家科技公司進行為期三天的企業內訓，參加的學員來自各部門，包含工程師、人事主管、行銷、公關、系統架構師及網頁設計師等。

往常我做企業培訓時，很多學員需要比較長的時間才能夠對於感受有所體會與進入，但這一次有些不同，該公司已經推廣正念一段時間，許多人很快就能連結自己的感受，與自己貼近。

中午休息時間，小吳很客氣的詢問是否能與我聊聊，我中午沒有午睡習慣，若有人能夠陪我吃飯、談話，自然樂意之至。

我們的談話內容可以說是員工與主管溝通的經典案例，我在培訓課程常常會請學員模擬演練，有時也會利用戲劇方式演出更貼近真實情境的狀況，我再拆解情境對話、給予方向。

接下來，我會透過文字演示為何小吳的問題在我眼中並不是問題。

年初時，小吳與部門同事大約二十人一同出遊，經理很開心的對大家說這趟旅程能把大家聚在一起很不容易，請敞開心胸同樂，希望日後同事可以無話不談。

入住旅館後，大家一起晚餐，有說有笑，顯然對這趟旅程都帶著期待與愉悅心情。

晚餐過後，大家各自回房休息。但晚上九點多時，經理在部門 LINE 群組分享了他的位置資訊，顯示的 Google 地圖定位在一家酒吧。

小吳說，他收到訊息當下不以為意，想說都九點多了，照常理不需要回應，群組內將近二十人也沒人回覆。

經理分享位置資訊後，也沒傳其他文字說明，時間一點一滴過去，到了將近十一點時，經理突然在群組裡發了一則訊息：「你們太令我失望了，枉費我還跟太太說我們部門最團結、最有向心力！」隨即就退出群組。

接下來幾天行程，經理刻意不和同事一起走，自己逛景點、採買物品，其他同事則三五成群聚在一起。

小吳說，那幾天真尷尬。

結束旅程的第一個上班日，經理召集大家開會，雖然沒有特別提起旅行及退群的事，但會議結束前當眾對小吳說：「小吳，我看你平常很善解人意，別人一個眼神你就知道意思，怎麼最近這麼駑鈍？你好歹也在部門那麼多年，一起出去玩的氣氛這麼差，你都沒感覺嗎？」

被經理這麼一說，小吳當下不知所措，突如其來的質疑讓他胸口堆積一股無法宣洩的強大壓力。

經理還約他今天晚上討論，他猜是要談旅行的事，所以才趕在中午找我，希望能獲得建議。

「你想對經理說什麼？」我問。

「如果他問我那天為什麼沒回覆，我會照實說：『我不知道經理的意思，時間也晚了，所以就沒有回覆他的訊息。』」小吳預想了一下會對經理說的話。

「如果他回說：『你覺得我想做什麼？傳那個訊息就是想請大家晚上去酒吧同樂啊！』」我模擬經理可能說的話。

「我會說：『可是你又沒有明講，我們怎麼知道？』」小吳說。

「大家一起出去玩，想也知道要做什麼，結果連你也沒有回訊息，你是故意想讓我難堪吧？」我裝成經理的口吻和小吳應答。

「我怎麼會想讓經理難堪，每次你交代的事，我都很快回應，何況大家出去玩到那麼晚，可能都想休息，沒有回應你也很正常啊！」小吳急忙解釋。

「你們太令我失望了，枉費我還跟太太說我們部門最團結，結果連你都這樣！」我說。

「不是這樣的，經理……」小吳趕緊回道。

小吳還正準備往下說，我阻止了他。

「可以不要急著解釋嗎？」我回到講師身分來和小吳談話。

「喔，那怎麼辦？」小吳眼巴巴望著我。

面對會情緒勒索的主管，我猜想很多下屬有過這樣的職場經驗。職場溝通最困難的地方並非不知道如何解決問題，而是忽略衝突當下內在的焦慮狀態。

如果可以多練習先覺知內在起伏，中斷原本的回應慣性，就有機會改變原有的對話型態，重新選擇新的路徑來談話。

小吳帶著惴惴不安的心情來詢問我，該怎麼和經理談話。從前文故事脈絡來看，經理情急之下的語言反應帶著情緒勒索的字眼，在群組得不到回應便憤而退群，還落下一句「你們太令我失望了」，將憤怒情緒轉移到別人身上，要別人為他的生氣負責。

我問小吳，經理退群時說的那句話對他是否有衝擊，他的回答是當然有。他覺得被誤解，心裡有點憤怒，也相當委屈。

我繼續問小吳，後來經理會議尾聲直接點名他，嫌他反應不夠積極，怎麼會沒有覺察到經理的意圖，那個當下他的感受是什麼？

小吳說，那個時候他整個感覺很不好，覺得遭受指控，受到誤解。他沒有故意忽略經理，怎麼會被這樣指責呢？

「你受傷了嗎？」我問。

小吳點點頭，身體抖動了一下。

對話進行到這裡，我們可以看到經理面對團隊時，做了退群的選擇，接著對小吳的「不善解人意」感到不快，這是我們解讀出來的「經理的課題」，也就是經理內在可能受傷了，沒有意識到內在受傷的情況下，貿然做出退群及指責小吳的動作。

這裡我要提醒大家，千萬要記得那是經理的課題，如果他有機會認識自己，可以好好調整以後的做法，要是他無法做到，我們也要體認並接納經理可以擁有自己的課題，不用過多干預。

接下來，我把對話拉回小吳自身課題上，這才是他真的能負責的部分。

「經理都這樣說你了，你還想和他好好談話嗎？」我想確認小吳的意圖。

「還是想，畢竟經理對我還不錯，我也希望部門能回到之前和樂的氛圍，不然這樣工作挺尷尬的。」小吳說。

「你以前被誤解過嗎？」我換一個方向跟小吳核對。

我們看出經理的指責應對讓小吳受到衝擊，內在受傷，於是可以「預設」，小吳的身體可能被類似經驗勾住且被激發了，如果能從對話中找到過去的經驗，讓它留在過去，面對新課題時，就可以藉此核對小吳是否願意重新選擇。

小吳想了一下，提到中學時期曾被父親要求不要再玩樂器，說他玩物喪志，把時間都浪費在音樂上，怎麼有辦法好好讀書。

「當時我和幾位好朋友組團玩音樂，後來爸爸就不讓我去練團。」小吳說。

「當時你有向爸爸解釋嗎？」我問。

「有啊，我說不會耽誤功課，玩樂器是興趣，只會利用閒暇時間練團，但他不相信，說我功課退步了，怎麼還有時間玩團。」

「當時你也和現在一樣覺得被誤會、受到委屈嗎？」我問。

我在這裡把兩個經驗做了關聯性的連結，這是薩提爾常做的方式，透過類似的聯想記憶（Associated Memory），當事人會重新體驗到對事件的感受，把過去擁有的感官記憶重新經歷一遍，宛如事件重演，只要我們改變當事人大腦裡對當時事件的看法，他就如同獲得新的選擇權，為自己的未來做出新選擇。

「對啊，之後我就沒有玩樂器了，也和同學漸行漸遠。」小吳嘆了一口氣說。

「當時你有向爸爸爭取嗎？」我問。

「有啊，沒用，只是引來更多爭執。」小吳說。

「那你這次為什麼還想要向經理解釋？」我問。

小吳沉思了一下，回說：「可能有機會還是要幫自己發聲吧！」

「既然如此，如果你跟經理談崩了，心裡又有委屈怎麼辦？假設你已經預知有這個結果，還是想要與經理好好談話嗎？」

這個地方我想強化小吳的意圖，先說出預想的最壞情況，如果他連這個情況都願意接納，接下來只是如何調整做法的問題。

我請小吳深呼吸，停頓幾秒後再回覆我。

「想！」他很堅定的說。

「好，請你看看小吳的樣子，一個明知山有虎，偏向虎山行的人，你對他有什麼看法？」我把語調放慢，想調動小吳身體的體驗感。

「他很不容易！」小吳突然紅了眼眶，這樣回應。

我的目標顯然是希望小吳能夠確認他與經理之間的情境，把這當做他對話的目標，在這個情境裡，我想要連結他的渴望，感受到不論是否成功，他都是值得欣賞的人。唯有如此，小吳才有可能放下執念，以最佳狀態和經理講話，否則他會顯得局促不安，進退失宜，一方面很可能搞砸談話，另一方面又不斷批判自己。

小吳連結自我之後，接下來我和他模擬幾個談話方向，他可以拿我們的對話當做與經理談話的範例。

我邀請小吳之後再與經理應對時，先不要做太多解釋，把焦點放在：

1 經理對小吳的期待是什麼？
2 小吳沒有符合期待時，經理的內在衝擊是什麼？
3 經理提到「枉費我還跟太太說……」這一段話時，經理內在是否也受傷了？
4 經理的正向資源是什麼？

5 小吳日後可以怎麼做？如果仍然駑鈍，經理會因此不諒解嗎？

我們來來回回演練幾個可能的應對場景，小吳漸漸能夠找到自己可以談話的方式，也對於接下來要與經理的談話充滿信心。

◆先連結內在感受，再練習談話技巧

高品質的對話取決於談話人的內在是否穩定，如果很容易被情緒綁架而無法好好講話，代表需要先連結自己的內在感受，再來練習談話技巧。

我相信很多人會在職場遇到小吳與經理這種溝通情境，通常面對上級主管時，會顯得比較怯懦、不安或在心裡就矮人一截，這個時候要好好講話就會存在先天障礙。

做為面對小吳故事的對話者，我們要能夠分辨他面臨經理責難時，他是如何察覺自己的內在衝擊，就算不知道怎麼引導他，至少要懂得陪伴的藝術，因為從對話脈絡延伸來看，小吳有他的課題，而我這個對話者也有我的課題。

在懂得課題分離並且能夠引導對話後，我們需要時時提醒自己，對話的任務需要包容個體差異，允許別人犯錯，從自己開始再擴展到當事人，如此當事人就更可以把真正的議題放在自己身上而非他人。

別人的課題由他人負責，任何著重在改變他人的議題，都不會是面對自己時真正的課題。

沒有方向、目標不明確，不是問題

當興趣變成追逐冠軍的遊戲，人生便開始了痛苦。

我大學畢業時著實徬徨，不知道可以往哪個方向發展，從產業的不確定到職務發展的不明，甚至多次興起出國繼續深造的念頭。追根究柢，讀書拿文憑不是我真正的目的，更想要的是延後決定的時間，希望能發掘或「巧遇」更好的機會。

人生哪有天上隨時掉餡餅的時候，所以真正的課題是「我願不願意多方嘗試」，而且在過程裡剔除自己不想要的定位。

三十歲以下的年輕人選擇職業時多半會有類似困擾，這個時候可以把思考重點放在「我是否可以失敗」，如果允許失敗，不管選擇什麼，總有一天會找到自己專屬的道路。

許多年前我在台北市某個社團演講，聽眾多是中產階級，有自營商也有高階主管，還有跟著父母來聽講的年輕人。

開始前，我坐在台下聽主持人介紹演講主題，同時觀察現場聽眾的神情，父執輩大多參與度高，雙眼盯著主持人，等待接下來的演講，但年輕人多半滑著手機以頭頂示人，我心想這些年輕人大概是被父母要求一起來聽一場毫無興趣的演講。

主持人介紹我上台後，我開玩笑的說，不知道年輕夥伴是不是正忙著自己的社群媒體或是和朋友聊天，抑或正在打遊戲，我很羨慕這個年紀的朋友們，擁有屬於自己的一片小天地。我問現場年輕人時下流行的遊戲是什麼，我曾經很喜歡「快打旋風」，往往跟人線上比拚上百回合也不休息。

說到這裡，年輕人紛紛抬頭看我。

我記得那場演講笑聲很多，大朋友們頻頻點頭，小朋友們則若有所思。演講結束後，一位大約二十歲的年輕女生叫住我，想請教我一個問題。

彤彤身材勻稱且高眺，皮膚黝黑，她說自己正在美國培訓高爾夫球。她小時候跟著爸爸一起去球場揮桿打出興趣，希望進一步學習，爸爸索性花大筆錢培養這個有天賦的女兒，甚至送去美國練習。

彤彤說以前很喜歡打高爾夫球，但這一、兩年來發現漸漸跟不上頂尖好手，突然愈來愈挫折，但每次看到爸爸殷殷期盼的眼神，就沒辦法好好向爸爸說想暫停訓練，只能在痛苦之中苦撐，也愈來愈不像以前那樣極度喜歡打高爾夫球。

她問我該怎麼辦？她表面的問題是不知道該決定繼續或放棄。

一個本來喜歡的運動怎麼到最後會變得這麼痛苦？是奪牌的壓力吞噬掉單純的享受嗎？

◆在乎過程而非結果

我想到日本著名的賽馬故事。

一九九六年日本誕生一匹名種賽馬，牠和我喜歡的電玩「快打旋風」裡的東方女戰士春麗同名。賽馬春麗擁有純正北海道賽馬血統，父母都是日本頂級賽馬會「中央競馬會」的皇家賽馬，牠想必繼承了父母優良的賽馬基因，令人期待。

春麗滿兩歲時，在高知競馬場首次出賽，那場比賽總共有八匹馬參加，結果牠跑了最後一名。

如果你以為這只是一次馬前失足，那就錯了。

春麗後來的比賽連續挫敗，從未脫穎而出奪得桂冠，反而是接二連三的失敗，當牠連續八十八場失敗時，當地報紙對牠進行連敗報導，反倒讓春麗成為家喻戶曉的明星。

春麗毫無意外的在比賽第一百場時仍然慘敗，日本NHK電視台對牠進行專題報導，使其成為家喻戶曉的「連敗」純種賽馬，此後愈來愈多人買票來看春麗比賽，還送票給親朋好友來幫牠加油，大家都不想錯過春麗第一次勝利的光榮場景。

「連敗將軍」春麗招攬大批馬迷的現象轟動一時，使得原本搖搖欲墜的高知競馬場的營運狀況因為這個現象而有起色。

二〇〇四年，高知競馬場下起了雨，滿場都是想目睹春麗奪冠的觀眾，這次的比賽有點不同，跨坐在春麗背上的是被公認為日本最好騎士的五星級賽馬師武豐，有了他的加持，春麗很可能像千里馬遇見伯樂，榮耀奔馳，連當時的日本首相小泉純一郎在國會演說時，都提到希望春麗奪得好成績。

這是春麗第一〇六場比賽，儘管牠在十一匹馬中只獲得第十名，這個成績非但沒影響日本人對牠的觀感，群眾更不氣餒的為春麗喝采和加油，甚至做了一首歌稱頌牠，這在追求極致完美與崇高目標的日本民族性裡相當罕見。

經過一一三場比賽連敗之後，春麗也到了遲暮之年必須退休，按照慣例，從未拿過冠軍的賽馬退休後的命運只有被屠宰一途，不過在日本大眾強力請願之下，春麗逃過這種命運，最後在北海道安養天年。

綜觀春麗的賽事生涯，從未拿過冠軍，但卻受到日本人的尊敬與歡迎，個中原因是奮戰不懈的精神。春麗每次出場都是意氣風發，全力衝刺，彷彿人們在過程中享受著賽事帶來的刺激與衝擊，這和奪標與否沒有太大關聯。

◆覺察與體驗每個當下

我對高爾夫球沒有研究，也無法給予年輕女生什麼太好的建議，但不影響彼此進行對話。表面上看來，彤彤的問題是不知道要不要繼續高爾夫球的職業道路，因為眼前似乎遇到一些瓶頸，但還是得將議題拉到自己身上，她原本高昂的鬥志何以現在受到阻撓？她如果不想繼續，為何無法做出停止打球的決定？她的內在發生什麼事？這些才是她應該面對的真正議題。

「彤彤，你打高爾夫球多久了？」我問。

「很久了，還沒上小學就常常去球場看爸爸打球，後來他也教我怎麼揮桿，漸漸的我也有興趣。」彤彤說。

「你是喜歡打球，還是喜歡跟爸爸在一起？」我想對兩者做一點區隔。

「應該都喜歡，因為爸爸我才喜歡上高爾夫球，但以前打球比較單純，沒那麼多壓力。」

「你的意思是現在打球比較有壓力嗎？」

「是啊，因為後來爸爸讓我去美國找教練，我現在也在美國邊念書邊打球。」

「你什麼時候開始感到巨大壓力，萌生不想繼續的念頭？」

我預想著彤彤不會是臨時起意想放棄，而是經過一段時間的累積才逐漸形成這個想法，她的腦海中想必有一些重大節點，是導致她想中斷高爾夫球練習的起始點。

「應該是這一、兩年，爸爸常常說他花了很多錢和心血好不容易送我到美國，希望我能夠好好努力，可是我最近好幾次比賽都失利，每次看到他失望的表情，就覺得很痛苦。」

「原來你不忍心讓爸爸失望是嗎？」我問。

「對。」

「那你怎麼想要放棄？」

「因為我覺得和高手的差距太大了，加上爸爸一直希望我能夠堅持下去，我不想看見他一直因為我的事操心。」彤彤說到這裡，神情有些激動。

我看著她稚嫩的臉龐，猜想她是個照顧爸爸心情的好女兒，為了追求爸爸的期待，她似乎也忘了看看這個善解人意的女兒在這個過程中是如何的努力。

「你覺得爸爸愛你嗎？」我輕輕試探這個話題。

「應該吧！」彤彤點點頭說。

「如果你打不好或最後中途放棄，沒有達到爸爸的期待，他還會愛你嗎？」想到自己現在正在這個十字路口上，再想到爸爸殷切的冀望，彤彤忍不住哭了。

「你認為自己被愛是因為拿了獎盃、成績名列前茅，還是沒有這些結果之前也是值得被愛的？」我沒等她開口就繼續問。

彤彤眼淚更多了。

「應該跟結果無關。」彤彤好不容易開口。

「如果是這樣，你去冒險跟失敗好嗎？如果決定放棄高爾夫球，就好好和爸爸談一談，這是代表一種失敗；或是，你選擇繼續打球，但會勇於承擔接下來成績不夠理想，這也算是一種失敗。如果這些失敗結果都不影響你是否被愛、是否有價值，你可以失敗嗎？」我問。

對話來到這裡，彤彤的淚水不停流下，她逐漸明白人生追逐的並非那一座獎盃，而是在每個當下能夠去覺察與體驗，甚至享受這些過程。我在對話中探索她與父親的連結，帶她看見原始的問題「要不要繼續打高爾夫球」其實不是真正的問題。彤彤的課題在於：是否可以認定自身的價值與外在結果沒有任何關係？是否可以接納自己的挫敗？這非關外在的成就或別人的眼光，而是我們看待自己的方式。

春麗從來沒有奪冠，但並不影響牠在日本人心中的地位，如同彤彤一般，全力衝刺、享受當下的每一刻，都是她的光采時刻。

你的問題是虛假議題

我曾在資訊服務產業工作多年，發現江山代有才人出，一代新人換舊人的態勢愈來愈明顯，尤其在北京工作那些年，同級同事甚至上司的年紀比我還小。

剛到北京時，並未覺得受到虧待，畢竟從公司角度來看，當年從台灣挖角專業經理人需要付出很大成本，我也明白自己的薪資福利比起其他同儕還算不差，但心裡總感覺「怪怪的」。

好幾次向上級主管凱文反映業務需求，他總是想對我「曉以大義」，並且很委婉的要我別那麼計較。他跟我深談過好幾次，請我在公開場合少一點批判，避免團隊有太多負面想法。因為我常常抱怨公司為何不能改變一些做法，例如週末不要安排團隊活動或加班做財務預測，升遷評比是不是能更看重員工對公司的卓越貢獻等。

凱文說：「公司已經盡量朝我說的方向前進了，請有點耐心。」

那個時候我通常只是嘴巴閉緊，但心裡還是不太舒服，我隱約知道不舒服和什麼有關，卻不願意正視。

◆正視冰山底層的渴望

我記得某一年公司安排經理級以上主管到北京近郊的休閒農場，我們點了好幾隻小羔羊進行燒烤，不知道是飼養方式不同還是水土差異，北方羊肉滋味特別鮮美，鮮少有羶腥味。那時我與同事大快朵頤的啃著羔羊肉，另一手不斷舉杯一飲而盡，酒酣耳熱之際彼此也更加親近與熟悉了。

酒過三巡之後，我略顯醉意，講話也有些直白，當著眾人的面說：「我來到北京才發現，原來大家都這麼年輕，看到自己年紀大你們好幾歲卻還在幹一樣的事，實在很慚愧啊！」

「哪像凱文這麼好，年紀比我還小卻已經當上我主管，我來到這裡還得聽他的話。」說畢領著同事繼續喝酒吃肉。

當時自以為藉著酒意可以裝幽默一下，事後回想卻相當慚愧，因為我的內在聲音在這幾句話裡表露無遺。我的年紀比同事稍長，自以為理應更受重視，但因為先來後到或體制關係，我和這群同事的層級卻差不多，那時我說出來的話充滿著羨慕與嫉妒、調侃與諷刺。

許多年之後，這個場景仍然歷歷在目。

我跟公司提出了很多想法、做法不被接受時，心裡那個「怪怪的」感覺其實與原本的問題毫不相干，真正的議題潛藏在我冰山的最底層渴望裡，在那個深海沒有光亮處，連自己都沒看見，原來我的自我價值正悄悄躲起來，藏在自卑、自傲、自以為是和憤世嫉俗的語言暗礁裡。

人類不知道什麼時候開始學會說謊，而謊言存在的面貌多變，有時候甚至不知道自己正處於「不一致」的狀態之中。

很多時候，我們為了抗拒內在聲音與外在眼光，必須透過說謊得到最好的防禦，即便這個「謊」沒有那麼顯而易見。精神分析師唐納德・梅爾澤（Donald Meltzer）提過，防禦是我們為了避免痛苦而告訴自己的謊言。

我怕被人真正看破、看穿，甚至自己也不想戳破自己，害怕心裡有另外一道目光看自己：連這個你都計較、你怎麼度量這麼小。內在小宇宙開始上演無限循環的戲碼，聲音一波壓過一波，弄得筋疲力竭還是不知道自己到底怎麼了。

心理學家認為，當事人提出來的問題有時看似是個問題，但實際上只是一個漂浮在表面的「表徵問題」（Presenting Problem），而非他們想要面對的「根本問題」（Basic Problem）。只要提問者透過有技巧的聆聽、提問，我們會發現一層一層往下的議題，最終也都會直指人的深層渴望。

當事人會在說話時拋個話題測試溫度，看看是否可以把自己面對的議題歸責到別人身上，這樣對他們而言相形快速、簡便、不用負責任。他們很多時候不是故意這麼做，只是社會文化賦予的求生存姿態。形成這種慣性回應最大的兩個原因，分別是人們對自己的情緒毫無覺察，刺激來臨時只是反射式的找尋解決問題的方案；

另一個是刺激之下情緒波動過大，壓縮前額葉皮質的運算能力，理智受到擠壓，無法清楚知道該如何做出更適合的選擇。

小時候我們常聽爸媽或師長說：「不要哭了。」「有什麼好生氣的。」「別沮喪，勇敢一點。」「別難過了，就算難過還不是要繼續做。」這些語言充斥著對感受壓抑、迴避與忽略，所以我們身體裡隱藏了一組自動迴避的「程式代碼」，遇見衝突、矛盾時，優先撇除情緒因素。

當事人或許會自動摒除這些情緒，但做為一個能夠深刻對話的提問者，看清楚這些被漠視的因子尤其重要。

◆探索內在歷程，拔除心中的刺

我在某個企業進行工作坊時，女同事艾米問我，她在職場多年見到同事來來去去，如果部門同事提出離職，該怎麼留下對方。

「留下同事」看似是她提出的問題，但我知道真正的議題不在此。

我問艾米這是她的真實經驗嗎？

一段好的對話首重是良好的傾聽，積極傾聽的技巧包含大量核對。我把問題從「高懸於空」的飄渺狀態錨定到她的真實經驗，藉此更好的利用事件細節看見她到底面臨什麼課題。

「是的。」艾米回覆

「你要留下這個同事的原因是什麼呢？」我核對。

「因為我們在部門共事很久了，有革命情感，我捨不得她放棄眼前的工作。」艾米給了一個冠冕堂皇的理由。

「她辭意堅決嗎？」

「好像是。」

「艾米，如果同事真的要離職，你會祝福她嗎？」這是我的第一個轉折點，在我的假想狀態裡，職場同事來來去去本屬常態，何以艾米會特別針對這個議題詢問？

「如果真的要離開，我也沒辦法，只能祝福，但如果她能留下來一起打拚會更好。」艾米聳聳肩。

這個答案對我而言，是一個不太算是答案的答案，如果按照她的說法，她能夠祝福同事離開，那麼同事真的要離開對她而言怎麼會是個問題呢？「有人離開」會對她有什麼衝擊呢？

我談到這裡稍微停了一下，接著說：「艾米，你是個重情重義的人嗎？以前團隊如果有人出走，你也會覺得很惋惜、難過嗎？」

比起艾米應該如何與同事談話讓她考慮留下，我更關注的是艾米面對有人離去時的內在狀態。我們談話時，我腦海浮出一些好奇，想知道她以前是不是有相同經驗，或只是特別針對目前的團隊有「在一起」的期許。

當我向艾米提出這個疑問時，她的身體突然震動了一下，眼珠子微微打轉著，彷彿大腦正在向資料庫搜尋符合這個提問的答案。

她忽然怔忡了一下，定睛看著我說：「老師，你這麼一說，我想到國中也有一群死黨，其中一個後來都不參加大家的活動，我當時覺得很難過。」

「艾米，從求學時代到現在進入職場，你常受團體破碎、有人離開這件事影響嗎？在你的家庭裡，曾經有人的離開也對你造成影響嗎？」

我從現在團隊有人要離職的衝擊找到她國中死黨變得冷淡的早期線索，這也引發我更多好奇，是否她也有更早、或更大的分離議題。

艾米瞪大眼睛，身體突然往前傾斜，冷不防失去平衡踉蹌了一下。我看著她呼吸變得急促，絲毫沒有抵抗情緒的流轉，任由眼淚簌簌掉下。

「老師，我知道了。」艾米語氣裡帶著顫抖的音調。

「知道什麼？」我問。

「我很小的時候，可能是三歲左右，姊姊在路上被機車撞倒過世了。這件事我雖然沒什麼印象，但爸媽偶爾會提到，每次他們說到姊姊，我的心裡就很糾結，隱約覺得自己比不上姊姊，什麼事都做不好。在這種狀況下，家裡留下來的人好像很痛苦。」

艾米說到這裡不斷啜泣。

那一刻，我明白艾米為何會有一家人或朋友必須「在一起」的想法，不願意面對有人離開的場景。

我與艾米的談話重心從原本團隊有人要離職，變成探索艾米內在發展歷程，後面的談話重點也轉變成如何讓艾米拔掉心中那根刺，成為不再受到過去陰影困擾的強大之人。

◆看見內在衝擊，擺脫慣性

我在企業做演講或工作坊時，經常會被問到：「如何處理眼前的困境？」我的回應通常會更著重在這個困境是否帶給當事人心理障礙，而非一開始就告訴當事人如何解決問題。

許多人對我的做法不是很理解，畢竟因循習慣，免不了一下子就想知道應對的步驟。但我認為，這類技巧大家都聽過不少，但為何總是很難施展？原因很簡單，就是我們看不見每個當下自己受到什麼內在衝擊，在自己的內在衝擊未得到回應前，就急忙想要對外在刺激做出應對，通常起不了效果。

遭受外在刺激時，我們的心裡就像一片波濤洶湧的大海，如果無法駕馭翻騰的海浪就急著要掌舵控制船隻以擺正方位，航向目的地，那麼不管如何努力，也無法使船身平穩。

以前的做法一再失敗，我們卻在人際關係裡不明就裡的反覆使用。說到底，對話不難，擺脫慣性比較困難，很多時候當事人不知道他們提出來的問題不是問題，只是需要透過對話一步一步抽絲剝繭才能釐清內在狀態。

如同我當年很介意自己在管理層團隊年紀偏大的問題，但真正的問題是我的自我價值感低落，沒有得到更大的認同感。

沒有感受到生命力，不是問題

這個標題乍看之下相當弔詭，如果一個人連自我生命力都感受不到，代表他冰山底層的「自我」相當脆弱，連帶著面對眼前所有事物都提不起勁，遑論找到方法去解決問題。

近代心理治療有時候被視為面對心理疾病患者的治療「技術」，究其源頭，心理學的英文「Psychology」一字最初的意思是「對靈魂的研究」。一個人遭遇眾多挫折之後，很可能內在面臨許多混亂，在生命的根本之處逐漸喪失往前的動力，外在行為表現多半顯得消極、無助、負面或茫然。

約翰・貝曼曾在課堂中提到，我們在追求外在一致性的應對姿態前，更重要的是尋求內在一致，通常涵蓋三個區塊：

1 辨識感受

每個刺激當下都會勾起體內各種感受，有時候程度輕微不易覺察；有時候感受強烈，雖然知道自己正在情緒風暴中，但很多時候我們會屏蔽這些感覺或刻意壓抑。這些衝擊往往對當事人造成巨大影響，但卻不自知，這時候好的對話者可以適度運用一些感受詞，幫助當事人回到這個感受當下。

2 接納感受

學會看見、信任，與靠近感受，是我們對自己的仁慈。許多人以為好的情緒控管就是要壓抑感受，讓這些感覺消失在內心世界，但這個無意識的動作會讓我們對自己疏離，並且就是自我批判的源頭。對話的當下，當事人很可能沒有覺察到自己有哪些內在感受，更遑論去接納自己。所以對話者要很清楚的知道對方可能有壓抑或抗拒的念頭，這時候對話者對當事人的接納就很重要。

3 靈性昇華

許多人會誤以為「靈性」代表完全沒情緒，受刺激時，語言、身體或姿態要盡力克制與壓抑，但實際上正好背道而馳。所謂靈性連結是指自我允許與接納後的內在狀態，呈現出來的外在展現會變得和諧、共頻與同理。薩提爾模式很強調自我的靈性昇華，因為這是連帶外在展現一致的最基礎元素。好的對話者要能先做到內在連結，接納當下內在的一切衝擊狀態，才可能很一致的引導當事人看見自己的盲區。

你可能會好奇，成長過程中，父母不是都告訴我們不要生氣、不要難過嗎？因為生氣時可能會口出惡言、揮拳發洩或甚至做出自殘、傷人的舉動；難過時可能會哭泣、落寞或說出令人難以承受的話語。父母看到這些舉動時，內在也有緊張、焦慮或其他感受，根據他們學習到的慣性回應，通常會把外在語言、動作和情緒詞做連結，所以直接告訴我們「不要生氣」、「不要難過」。

這類否定感受的詞句我們從小聽到大，應該不陌生，但這並非父母的錯，而是他們也不清楚為什麼會對我們有害，他們從小也是這樣學習的。

更有甚者，父母可能也會有一種觀點，如果允許孩子哭鬧，他們就會無限上綱，繼而予取予求，父母只是擔心孩子的外在行為或話語不符合家庭或社會規範。其實父母需要思考的重點，要放在接納孩子內在情緒，但在語言上引導孩子看清責任，溫和而堅定執行家裡的規則。

從家庭到職場或人際相處也是同樣道理，與自己感受靠近，並運用這些感受帶來的訊號及力量，通常對話時能順利幫助當事人與他們自己的感受合作，重拾底層生命力。

我帶領職場工作坊時，曾發現學員興致缺缺、意興闌珊，因為以前習慣用腦袋壓抑感受的慣性思維不斷讓他們抗拒靠近內在感受，無形中連帶生活上也常常感受不到生命活力。

◆人的存在本身就是價值

某次我在海外帶領跨國企業工作坊，培訓各部門主管，最後一梯次的課程裡，我發現三十幾位學員雖然普遍看起來年輕，但都有中階主管經歷。剛接觸時，他們都語帶保留，不大願意透露心中想法。

學員小美的位置在講台正對面，她正襟危坐，有些不自在。小美高䠷纖細，約莫一百七十公分，戴方框眼鏡，臉上全無表情。她雙腳併攏坐在椅子上，雙手放在腿上，我評估她在公開場合有些拘謹。

我介紹完情緒流轉與如何覺察時，請小美感覺當下的感受，她一副無所謂的姿態回應：「沒什麼感受吧！」

我請小美再做一次深呼吸，然後慢慢用意識掃描身體上下，接著再詢問她：「現在有什麼感覺？」

「就很一般，沒什麼感覺。」小美說。

「是沒有覺察還是沒有任何的感覺？」我核對。

「一般人也不會去特意覺察感受吧，日子還是得過呀！我平常也不會特別留意自己的感受。」小美回覆。

她很誠實。

「如果我現在打你一巴掌，你會有感覺嗎？」我略帶玩笑的問。

「會呀，而且我會立刻打回去。」

從我們的對話可以很清楚的知道，當我要幫助小美釐清她在某個刺激當下的內在感受時，她的自動化迴路會直接跳過「看見感受」這個動作，把重點放在如何反應上。這也是我們長期被訓練要壓抑、略過感受的制約行為，如果無法辨識其中的細小奧妙，代表我們對自己太過陌生，產生刻意為之的「自我分心」，無法覺察當下自己發生什麼事。

「立刻打回來是你的反射動作，我現在想問的是，當我打了你一巴掌，你的身體會有感覺嗎？」我對小美繼續探索。

她思考一下後說：「其實我不管感受的，如果有人打我，我會打回去，一來一往沒有損失，我會讓對方知道我不是好欺負的。」

我笑了一下，轉頭詢問現場學員，人通常在什麼狀態下才會完全沒有感覺？

「死亡或全身被麻痺時。」現場學員紛紛答覆。

「你同意他們說的嗎？」我轉身面對女孩繼續問。

「同意吧！」女孩說。

「那你現在是麻痺或死亡狀態嗎？」我笑著說。

「應該不是吧！但我追求的是心死狀態，不想要心裡因任何事物起波瀾，所以即便不是身體死亡，我也想要心死。」

聽到小美這麼說，我眉頭一皺。這個女孩看起來頂多三十出頭，怎麼就有了心死的念頭呢？

我看她不動聲色，坐姿依然筆直，思忖著，看來她是抱定主意要抗拒身體與內在的感受了，不知道她遭受過什麼傷害，導致她需要如此自我防衛。

如果一個女孩子三十幾歲就想要心死，某種程度上代表可能對很多事情失去熱情，換句話說，就是生命力相形低落。

所有生命在終止之前都有價值，我們要記得，人並非是追求價值才存在，而是存在本身就是一種價值，只是我們有的時候會刻意忽略。只要人還活著，「沒有生命力」這件事就不會是問題，對話者要能帶著當事人打開覺知，看見自己豐沛的能量。

我邀請女孩深呼吸，試著覺察身體各個部位，只要看見自身狀態即可，這是做到前述約翰·貝曼博士提到的「辨識感受」。能夠做到這一步通常對於當事人已經有了重大進展，所以我與小美的對話先暫停在覺察。我也明白，在這個地方，人的觀點控制著大腦，我也不急著對她做出違抗意志的引導。

當天課程按照原定計畫，我解釋情緒如何牽引著我們的外在行為，我們的姿態如何受到過去經驗影響，並且讓大家知道現在的每個動作都隱含以前學習而來的慣性。

以前我們總是以為不去碰觸情緒、理智過生活是最好的方式，但這樣的慣性卻帶來了很多隱而未見的痛苦，即便不去聽、不去看、不去體驗，心裡仍然知道自己受到過去經驗的制約。

接納與順流非但不會讓我們倒地不起，反而會替內在帶來強大的原生力量，雖然剛開始接觸自己的感受時會有些震盪、不適應，但當我們重拾生命主宰權時，便能化阻力為助力，將歷程淬鍊成資源。

◆回頭看看生命的美好片刻

第二天剛開始上課，我就邀請小美講述她印象深刻的一天。

「十年前，我正處於生命低潮，好友鼓勵我出門走走。一開始我很抗拒，後來接受朋友邀請，一起去中國大陸北方的大草原。」她悠悠說著。

聽得出來小美開始講故事時，語調起了一點變化，我請她先留意聲音變化，速度放慢一點繼續說。

小美點點頭，接著說：「當我們慢慢進入郊區，我發現沿路映入眼簾的是藍天白雲，還記得雲朵一片接著一片懸吊在空中，我的心情似乎愈來愈放鬆。

「抵達目的地整理好行囊後，我們參加一個騎馬營。教我們騎馬的馬夫拉著轡頭帶我們繞圈圈，告訴我們腳該如何蹬，馬繩該怎麼控制才能讓馬聽話。後來馬夫大膽放手讓我們自己練習，我記得在馬背上騎了一個多小時，下馬時腿都軟了。

「當天晚上我們決定睡在帳篷裡，順便觀賞第二天的日出。由於沒有光害，整個晚上繁星蓋頂，直至月光爬上來，才稍稍掩蓋星光燦爛。第二天一早，我和朋友趴在帳篷附帶的小窗口，看著日出未現之前的霞光，然後漸漸目睹太陽竄出，直至東方大白。」

小美說到這段故事的時候面露微笑，眼神燦爛，似乎一掃前一天僵化的神情。臉部線條與聲調變化是非語言訊息的重要線索，往往流露內在的感受波動，這是對話裡關注一個人的重要技巧。

「你說十年前生命遇到低潮，當時帶給你很大的打擊嗎？」我問。

「是的，當時甚至有了輕生的念頭。」小美冷靜的點點頭說。

我沒有多詢問她何以有了這麼喪志的念頭，反倒想知道她怎麼願意特別講述這一段美好故事。

「當你談到學騎馬時馬夫放手讓你自己騎，你的眼神看起來光亮，當時你是什麼心情？」我問。

「很放鬆，也感覺到人生自由，覺得被信任。」她沉吟了一下回道。

「那麼，你還記得日出那一刻嗎？當天空出現紅霞，太陽漸漸升起，你趴在帳篷邊看著日出，你有什麼感覺？」

「相當愉悅和興奮吧！」小美說。

「若是給予那一刻一個意義，你認為這個日出給你什麼意義？」我問。

她愣了一下，腦袋瞬間回到那時的場景。

「重生。」小美說完這兩個字後，流下兩行清淚。

這是很重要的關鍵字，人生並非永遠一帆風順，但也沒有一直不順遂，不過人的大腦喜歡牢牢記住悲慘故事並不斷折磨自己，忘了我們也有美好光明的片刻。

「騎馬的自由與太陽出現的重生。請記得這一刻。」最終我對小美提出邀請，希望她能夠將這兩個畫面印記在腦海中，並時時刻刻調出來賞玩一番，回憶這個對她帶來極度意義的畫面。

小美點點頭，止不住的淚水滴滴答答落在口罩上，我只是靜靜陪著她。

生命歷程雖有許多不盡如人意之事，但肯定也有絢麗煙火片刻，只是我們平時不覺察自己的狀態，總喜歡記得困擾過我們的挫折，忘卻美好的愉悅片刻。那些美好時光雖然是驚鴻一瞥，但從未在我們心頭消失過，宛如片刻的永恆永遠在某個角落等待著我們的呼喚。

我想起中國大陸歌手朴樹〈生如夏花〉這首歌的歌詞，「我在這裡啊，就在這裡啊！」一雋永深邃的記憶會永遠在這裡，等待你回頭看看，這代表我們此生不虛此行，也值得被靠近。

當事人倘若在你面前失去了生命力，千萬別勸他「別想那麼多」或「要振作」，因為這是一種超理智的談話姿態，語言當中直接忽略一個人真正的內在感受。沒有生命力通常不會是真正的問題，是否想要展現生命最好的一面才是對話裡要去探索的。

只是分享，不是問題

心理學談論了各式各樣的偏誤，這個「偏誤」的英文是 bias，單從字面解釋是偏見的意思。

人的偏見來自從小到大從父母、家庭、學校和社會等學習來的一種固定認知，這樣的認知往往封閉大腦自由發展的迴路，使我們被局限在某種框架中不自知。

有一種偏誤是「自我提升偏誤」（Ego-Enhancing Bias），指我們談話過程會不自覺透過不斷講道理、解釋來提高自己的重要性，忽略自我反芻，也忽略他人在情境中的感受。

我在後文的例子運用大量傾聽，想要了解瑞克期待解決的問題，但最後明白他或許正在一種自我提升偏誤中而不自知。

瑞克來找我談話以前，早就是各種類型的學習專業戶，早年投入上百萬費用，涉獵坊間各種成功學、經營管理技巧及人際溝通技巧等課程，近幾年開始參與身心靈課程，對於各家各派的理論或實用技能了然於胸。這兩年他開始接觸薩提爾模式，希望能夠重新透過一門學派整合自己，更重要的是，他反覆上課的原因之一是希望將所學帶入日常幫助親友。

他在某個演講場合找我談了一會，談話前我知道他從未上過我的課，不過因為喜歡薩提爾模式，已經投入不少時間與精力上課、研究，這次來聽我的演講順便跟我打招呼。

瑞克想和我分享前一陣子與朋友小迪談話時的小插曲，我請瑞克敘述他與朋友談話的脈絡，藉此了解他想與我分享什麼。

瑞克說自己和小迪都喜歡上課學習，之前在某個工作坊認識。某天小迪對瑞克訴苦，說參加了某單位舉辦橫跨三個不同週期的三階段培訓認證課程，每個階段主辦單位都設定一個短期目標，小迪一開始就抱定主意要拿到這個認證，所以設定要用一年時間好好投入學習。

這個課程公開招募報名時沒有太多條件限制，強調有心成為專業助人者的人皆歡迎報名。小迪當時一口氣繳了三階段課程的費用，很順利進入認證專班。

沒想到，小迪上完第一階段就被主辦單位告知，因為某些理由，無法讓他繼續第二與第三階段課程，令他惱怒不已。

瑞克問小迪，主辦單位給了什麼理由？

小迪說主辦單位認為他第一階段課程的表現不符合他們想要的學員需求，用一個籠統的理由想打發小迪離開。小迪說，第一階段授課期間，老師要求學員都要買他們開發的牌卡，雖然不是硬性規定，但絕大多數學員都買了，小迪認為既然不是硬性規定，牌卡售價也頗高，就拒絕購買。因為如此，課程的小組助教還遊說他好幾次，明示暗示的要他購買牌卡。

小迪在學員群組公開挑戰助教，說他們這樣會誤導很多認真想要上課的學員，誤以為單純的認證課程變成販售牌卡的斂財管道，所以他為了堅持自己的原則，不願意購買這套牌卡。

小迪說，當他公開拒絕購買牌卡時，好多人私底下給他加油打氣，說他講出大家的心聲，雖然有些人也認為報名時並沒有要求大家買牌卡，後來的這個要求明顯是想要藉由課程壓力來迫使大家就範。小迪是唯一公開反對、也是唯一不願意買牌卡的學員，助教私底下希望他別在公開群組裡大聲唱反調，但小迪認為這涉及團體利益，所以也不願意私底下與助教有太多溝通。

「你是說，助教想跟你單獨談牌卡的事你不願意？」瑞克問小迪。

「對啊，我為什麼要跟他私下談，他想討論就透過群組。」小迪說。

「後來主辦單位不讓你繼續接下來的課程，你有什麼感覺？」瑞克問。

「不爽啊，他們憑什麼不讓我繼續課程？」小迪說。

「那他們有說要退你錢嗎？」瑞克繼續問。

「有，但那不是我要的。」小迪說。

「你要什麼？」瑞克又問。

「讓我繼續上課，不然給我一個合理的說法啊！」小迪回答。

「可是他們不是說你不符合他們想要的學員需求？他們有說什麼具體需求嗎？」瑞克問。

「他們後來瞎掰說希望接下來的課程是心理師、社工師或至少有心理相關科系背景的人才能上課。他們簡直鬼扯，一開始招生時也沒說有這種要求，直到上完第一階段才藉故要我退出。」小迪說。

「可是你就真的不是他們想要的學員族群，他們也有權利選擇他們要的人吧？」瑞克在這裡提出挑戰。

「但他們怎麼可以這樣，如果對報名人士有背景限制，應該一開始就說，而非在我不買牌卡後才用莫名其妙的規定來讓我離開。」小迪說。

「換個角度想，如果你是主辦單位，班上有個沒辦法溝通的學員，你不想要他繼續跟課，你會怎麼做？」瑞克問。

「我才不會像他們一樣耍這種詭計，要就大大方方公開討論，否則就不要用這種小手段玩陰的。」小迪說。

「會不會是因為你這個態度，他們才不想要你繼續上課？」瑞克繼續問。

「你到底站在哪一邊？」小迪問。

「當然是你這邊呀！」瑞克回答。

「那你說這話是什麼意思，什麼叫我這個態度？你不是一直都在學對話嗎？你這個對話看起來很不OK！」小迪說。

「拜託，我想要幫你釐清真正的問題耶，你怎麼反而來怪我，又不是我不讓你上課的。」瑞克說。

瑞克提到，後來他與小迪的談話不歡而散。他說自己已經很能夠同理別人了，也希望藉由對話讓小迪找到被認證班剔除的真正關鍵，但無奈小迪太不自覺了。

「沒有覺察的人怎麼說也說不通。」瑞克最後下了一個結論。

「瑞克，你跟我說小迪的故事是單純想跟我分享，還是想對我提問？」在我們談話結束以前，我跟瑞克確認他的意圖。

「沒事，我只是想分享，沒什麼問題。他要怎樣就怎樣，我不在乎。」瑞克聳了聳肩。

我回了瑞克一個微笑，謝謝他與我分享這個故事。

瑞克離開之後，我的腦袋裡突然浮現自我提升偏誤這個詞。

從瑞克敘述的故事來看，他應該是試圖扮演一個很好的傾聽者與對話者，一開始對話也確實從冰山事件切入，並談到感受與觀點，但小迪冷不防的挑戰也可能刺中瑞克的內在冰山，導致他需要替自己解釋，並強調他跟小迪站在同一邊。

我不知道瑞克是否有覺察，一個「我不在乎」的人怎麼會惦記小迪這個故事並和我分享？一個「我不在乎」的人怎麼會花時間與小迪進行長時間對話？

◆好的對話在於能夠同理對方

在對話裡，當事人有時候只是純粹想述說在某個事件之下的衝擊，他們或許沒有想要對方來幫忙解決問題，所以對話者要能夠覺察自己是否一廂情願的把自己提升到「拯救者」的角色裡。純粹的分享故事，原本就搆不上是一個稱之為「問題」的問題。

「對話，是一條由內向外的道路。」這是我在《冰山對話》特別強調的，如果對話時一直想著怎麼做「好的對話」，估計會走入偏誤之中，認為自己站在談話的制高點，希望你能夠從對話當中變好、獲益，殊不知，真正好的對話並不在強調自己多有道理，而是在於對話者有多能夠同理對方。

這世界從來都不是道理正確的一方會得到最多人的支持，而是能夠連結內在渴望的人在牽動著我們的驅動力。

2

對話前的裝備

看見了他人的內在冰山，
我們帶著神聖、安定與接納的心逐漸靠近他人，
就有機會讓當事人打開新的覺知，找到支持的力量。

每個人都有不同的溝通方式，應對時的慣性姿態也都不一樣。這些溝通姿態（尤其是薩提爾模式談到的指責、討好、超理智、打岔及一致性五種姿態）通常都是從小學習得來的，形塑你的重要人物可能是父母、老師或其他對你來說重要的人士。

講話滔滔不絕的人不見得就是溝通高手，而木訥、內向的個性也不會把你定型成溝通苦手。

有些人外放、健談，適合在台上做演講，但與人溝通時不見得能做到傾聽、同理他人或全然接納。有的人不善言詞，或許表達時無法完全說出心裡想要說的話，但也可能展現出高度同理心。

不管你原本的溝通方式是哪種類型，我們要保持一種信念：我是可以改變的。這個信念會主宰談話的氛圍、沉靜感與自信，同時這也是薩提爾女士堅信的「改變是有可能的」。

鑽研對話技巧的這幾年，我發現許多人學習的目標都是想透過談話來影響、改變別人，腦袋裡大概都有一個既定的思考模組，認為世界有些既成的規律或原則必須遵守，但其實這些條條框框都是自己對世界的一種觀點認定，同時也是一種制約。如果無法覺察自己，先移除這些制約，那麼要深入做對話就會變成一廂情願的告白而已。

◆好的對話基礎是營造安全感

深刻對話帶來的是如何洞察一個人，讓人能夠從中看見自身的潛質與價值。當一個人被看見，就會綻放出美麗的花朵，願意勇於承擔未來的風險。心理學家黛安娜·法夏（Diana Fosha）說過：「如果一個有愛、敏感、沉著的人能了解你，韌性就會在你心裡生根、茁壯。」我們永遠無需預設立場式的想將他人帶出他眼前的黑洞，也無需帶入你自己的理想國度，只需要做一個有力量的洞察者，照亮他人，讓他們看見自己的力量與前行的道路即可。

我看見過不少人學習對話之後，無時不刻想要運用習得的技巧走入對方的內在冰山，完成一段深刻對話，但通常這樣的舉措帶來的是套路式的對話策略，對方如果聽過幾次這類的問話方式，往往會感到厭煩，甚至興起防衛姿態，不願意多談，更不用說，如果對方也深諳此道，這段對話還沒開始就會結束了。

很多人忽略了「閒聊」的優勢，你在公司和同事互道早安、你在電梯和陌生人點頭示意、你在超市與收銀員攀談、你在計程車上與司機聊著日常，這些看似瑣碎的小事其實是奠基人們互相連結的基礎。

不需要一開始就想刺探別人的靈魂深處，內在冰山的神聖寶地需要靠對話者一步一步鋪陳，緩慢而有節奏的、尊重他人為前提的細細品嘗。

好的對話有一個重要的基礎要素是營造安全感，人與人能夠彼此敞開，在心靈更深一點的層次碰撞，需要厚實的信任連結。根據科學家研究，人類身為哺乳動物需要與其他動物或人類互動才能存活，你來我往的互動能力可以相互調節彼此的生理狀態，從根本創造出使人感覺安全的關係。

如果刻意切斷感官、感受，支持社交的神經迴路就像斷了線，很難從破壞性經驗裡面復原。

適當的社交互動運用的神經迴路，和支持健康、成長、復原的神經迴路相同。當事人如果進入他無法感覺的環境，無形中是在傷害他，而不是療癒他。

我記得某次授課，年輕的學員小梅在台前講話時看起來充滿自信，眼睛炯炯有神，但是我們談到人際關係時，她的身體突然有些緊繃。

「你想到了什麼？」我問。

她瞬間眼眶濕潤，腦中世界好像回到過去的事發現場，我只能從場外觀看，渾然不知她腦袋裡發生什麼事。

傑出科學家史蒂芬・W・波吉斯（Stephen W. Porges）《在多重迷走神經》一書裡提到自己做磁振造影（MRI）時，體驗到生理狀態的轉變。他很好奇MRI是怎麼運作的，所以樂於進去機器裡面體驗一番。

當時他興致勃勃準備進行這項新體驗，很自在的躺在機器平台上，沒感覺到焦慮。身體隨著平台慢慢進入窄小的入口，當頭頂進入磁場核心時，他說：「能等一下嗎？我可以喝水嗎？」

波吉斯被輸送出來，喝了一杯水後再度躺下，當他的鼻子進入磁場核心時，他立刻說：「我辦不到，讓我出去！」

一個理智上已經準備好的人，怎麼會事到臨頭突然想退出？波吉斯原本抱定主意要來體驗MRI，怎麼會無法忍受密閉空間帶來的恐慌呢？

波吉斯說他的認知、知覺都知道自己準備進行掃描，這項檢查並不恐怖也不危險，但身體進入平台時發生了一些事，他的神經系統偵測到訊號，觸發了防禦反應。

波吉斯的迷走神經理論特別提出神經覺一詞，按照他的解釋，知覺是意識覺知，神經覺則在不知不覺中發生反應。這也說明了為什麼明明知道電影情節是假的，但看到裡面的凶案現場胸口仍然忍不住揪起來，或撇過頭去不想看，因為我們的直覺反應告訴身體應該做出警戒或防禦反應。

◆放慢說話速度，覺知內在感受

回到前文的課堂現場，當我與小梅談論她的人際關係時，她身體明顯緊繃，透過我的詢問，小梅深呼吸後緩緩說道，童年時曾遭父親酒後暴力攻擊，拿菜刀追趕她與弟弟，她在混亂中仍想要保護弟弟。雖然後來因為媽媽的介入她毫髮無傷，但這個陰影造成了無可抹滅的影響。

小梅繼續說，她在伴侶關係跌跤好幾次，對伴侶的不信任導致關係維持時間很短，她回想起父親「追殺」的這段場景，突然明白自己為何始終無法信任他人，對男性特別提高警戒，時時告訴自己要隨時逃離現場。

與小梅對話時，我刻意引導她放慢速度，多一點覺知講話時的內在感受，並且適時提醒她注意呼吸，在說話時有停頓的節奏。我這麼做的目的是讓小梅熟悉身體與內在的反應，把對自己感受的未知拉到覺知，營造出自己對自己的一種安全感。

波吉斯在書中提到，說話時拉長呼氣時間，就是使人平靜下來的生理原則。在神經生理學上，迷走神經呼氣時對心臟的安撫效果較佳。隨著迷走神經對心臟的調節提升，對咽喉的影響也會增強，聲音變得富旋律性，向他人傳遞出安全信號。

也就是當一個人變得安定、平穩之後，他的說話與肢體語言同時也能展現出寧靜之氣，不再具有威脅。

我們無法光從認知就解決安全感不見的問題，要去探究喪失的根本原因及當事人的神經覺如何啟動、作用。我們與人談話時，依循腦神經科學的論證，更能夠理解每個人的應對姿態都與曾經的遭遇有關。

人類的社會參與系統以及有髓鞘迷走神經能讓我們改變自己與他人的生理狀態，善用對話療癒之人，如果知道可以藉由啟動有髓鞘迷走神經來讓人找到安全的方向，就會有了很好的介入與療癒入口，這也是我們進行深刻對話時很好的參考。

對話是一種冒險與探索未知，保持自身的穩定並覺知當下自己的狀態尤其重要，這不但影響對話的品質，更會讓這段探索旅程呈現深刻、清明的感覺。

◆看見內在起伏，無條件接納自己

網飛（Netflix）曾經播出一部徒手攀登好手馬克－安德雷．勒克萊爾（Marc-André Leclerc）的紀錄片「單人攀登」（*The Alpinist*），他年紀輕輕、身手矯捷，專門攀爬世界知名且難度極高的山峰，不靠任何安全繩索垂吊，僅用徒手攀岩專用的工具，一手一岩面、一腳一突石，緩慢往上登頂。每次攀登的過程猶如自己與自己進行高度契合、心靈合一的沉浸式對話，驚心動魄之餘也帶來絕佳的頓悟體驗。

某次勒克萊爾到南美洲攀登托瑞－艾格峰（Cerro Torre）時，攝影團隊沒有跟著一起拍攝，而是在山下等候佳音。沒想到他在半山腰遇到暴風雪，在山壁冰面靜待一晚後，決定放棄登頂，回頭下山。

攝影團隊看見勒克萊爾折返，除了安慰他，也對此次無法登頂感到可惜。勒克萊爾卻對此毫不在意，他認為攀登高峰的美好不在於登頂，而是每次與自己相處的過程，那是一種純粹的美好。

「每次上山，我都感覺那是人生最後一次。我感激所有自己喜歡的人與事。」勒克萊爾這樣說。

我很喜歡他的說法與人生觀，同樣的，如果我們與人對話時都能時刻覺察自己是不是處於慌張、無力與害怕的狀態，並且在看見內在起伏的同時，也可以無條件接納這樣的自己，那就是一種探索高峰的體驗，盡力接納與享受這樣的歷程就好。換言之，我們不會再執著於對話最後要達到「成功」的目的。在這樣的高層次覺知狀態下，當事人更能感覺到被接納、被包容。

我在《冰山對話》花了很長的篇幅釐清對話時要能先覺知自己的冰山，再帶著和諧與安定的姿態探索他人的冰山。冰山理論是薩提爾女士對於人的一種隱喻，在人們可視的事件、故事、行為之下，除了水平面代表的應對姿態，我們忽略人有一個更大的區塊，潛藏在水面之下，那是人的感受、感受的感受、觀點、期待、渴望與自我的層次。

除了用冰山做為對話的基礎配備，我想還可以特別著重幾個對話需要著墨的技巧，當做是登山的裝備。極限攀岩者可能至少都需要攀岩鞋、吊帶、粉袋、動力繩、確保器、頭盔等設備，而要在對話中成為高能力探索者，我想至少也需要幾種不一樣的裝備：

1 傾聽的能力。
2 提問的能力。
3 運用時間軸。
4 留意關鍵字。
5 同理心的力量。
6 找尋資源。
7 運用反差，擴大感受的能力。

接下來，我們以營造對話安全感為前提，發展深度對話為目標，我想特別談談前文提到的幾種裝備，有了它們，我們深刻對話時可以無往不利。

傾聽的能力

暢銷作家羅勃・波頓（Robert Bolton）專精培訓經理人、業務人員、基層主管或各行各業面對人群溝通時的技巧，他在著作《人際技巧》提出，很多人溝通時會渾然不覺在對話裡注入溝通障礙。據估計，當對話一方或雙方有問題要處理或有需求要滿足時，這種障礙出現的機率超過百分之九十。他把人與人溝通時最常見的「路障」分為三大類十二小類：

1 評斷

- 批評：針對對方的行為或態度給予負面評價。

- 謾罵：用語言貶低對方。
- 診斷：分析對方的行為。
- 帶評價的讚美：對於對方的行為或是態度做出正面的評斷。

2 提供辦法

- 命令：要求對方做你想要他完成的事。
- 威脅：企圖透過警告，告知對方會得到哪些不良後果。
- 說教：告訴對方「應該」做什麼。
- 過多或不當的詢問：像是審問的封閉式提問。
- 忠告：教對方怎麼解決問題。

3 避開對方關注的重點

- 岔開話題：刻意轉移話題來擱置對方的問題。
- 邏輯論證：從對方語言中挑「對自己有利」的部分不斷理論。

・安撫：試著讓對方脫離現在正感受到的負面情緒。

◆大量傾聽，連結對方的渴望

這些「溝通路障」有些看似傷害性不大，像是「帶評價的讚美」或「安撫」，但實際上不論這兩者或其他的路障都是刻意忽略對方真正遇到的困境，不斷以自己的立場要求對方聽進自己的話，這無疑讓對方無法擁有「自主性」並感覺不到被接納時的溫暖。

避免這類溝通路障的最好辦法，是運用大量傾聽來理解對方的想法、感受對方的情緒、看見對方的期待並連結對方的渴望。

劇作家蕭伯納寫道：「對另一個人，最大的罪惡，不是恨，而是冷漠；冷漠就是視人為無物，沒人性。」因為我們看不見、聽不到對方發生了什麼事，於是偏向冷漠的姿態，從薩提爾模式冰山架構來看，我們無法在渴望層次裡認同一個人、接納一個人、關注一個人。

好的對話並不是一直發表言論，以為自己站在正確的一方，然後用高姿態的角度對著對方滔滔不絕；相反的，好的對話是從傾聽開始，廣泛獲取當事人想要表達的意見、想法和觀點，然後適時運用提問技巧讓對方安全釋放感受，並激發出未曾想過的新視角。

傾聽時特別留意自己是不是注意力飛快的流逝，因為當對方陳述意見時，我們往往會突然跑出很多自己的想法，阻礙我們真正聽到對方在說什麼，所以要提醒自己是不是又注意力渙散，也可以搭配SLANT小技巧。

- S（Sit Up）：坐直身體。
- L（Lean Forward）：身體往前三十度微傾。
- A（Ask Question）：提出問題。
- N（Nod Your Head）：點頭表示聽懂。
- T（Track the Speaker）：眼睛注視說話者。

高品質的傾聽本身就是一種連結渴望式的認同與接納，有時候可以運用聲音回饋，例如：「嗯」、「原來如此」、「啊，我明白了」等，加上專注神情，就可以在傾聽時得到很好的連結效果。

如果我們培養了傾聽能力，那麼也不妨試試後文羅勃．波頓提出的反映式傾聽的四種技巧：

1 釋義

傾聽者要給說話者簡單扼要的回應，用自己的話語敘述對方想表達的重點，有的時候甚至重複對方的語句來核對他的意思也是很好、很簡單的釋義做法。例如：「你剛剛說經理今天罵了你一頓是嗎？」

2 反映感覺

傾聽者用簡潔的說法，像鏡子一樣反射說話者想傳達的情緒。例如：「你剛剛說經理今天罵了你一頓，你感覺很沮喪吧？」

3 反映意義

傾聽者用簡潔的回應，將認知的邏輯事實與感受結合在一起。例如：「你剛剛說經理罵了你一頓，是不是因為你覺得自己沒有做錯，所以感覺特別委屈和沮喪？」

4 摘要式反映

傾聽者把說話者長時間的陳述做了簡要統整，並回饋給對方。例如：「你說經理曾經要你自己做決定給客戶一些優惠，沒想到你的決定卻被經理否決，還被他罵了一頓。是不是因為你覺得自己沒錯，所以感到特別沮喪和難過？」

總結來說，好的傾聽者首先要留意自己的狀態是否因為對方的語言或肢體動作感到不安、煩躁或慌張，覺察自己之後，再留意專注力是否流失，最後把握基本要素：

1 不隨意打斷別人的表達，尤其是對方在表達感受時。

2 除了耳朵，身體與眼神都能呈現專注的姿態。
3 在適當的時機統整訊息，表達新發現並核對自己的理解。
4 在對話上能參與「合作」，讓對方充分表達觀點，並避免觀點上的爭執。

有時即便傾聽者不給建議，透過積極的理解與同理，就可以產生相當程度的支持力量。

如果不懂得傾聽，很難成為對話能者。

提問的能力

羅伯特．清崎的著作《富爸爸，窮爸爸》紅遍全球，一直占據理財類書籍排行榜高位，即便有些內容引導讀者把金錢視為人生最高目標的看法與我不盡相同，但部分理財觀點確實值得思考。

清崎小時候詢問窮爸爸：「為什麼我們不能全家一起出國旅行？」窮爸爸的回應是：「我們負擔不起全家一起旅行的費用。」這一段問答是很多人都會脫口而出的自動化反應，但富爸爸提醒清崎，最好把「為什麼我們不能全家一起出國旅行？」改成「我們要怎麼做才能全家一起出國旅行？」

這是一種帶有強烈正向暗示的問句，指涉了一個目標，代表「出國旅行」並非不可能，重點是可以運用哪些方法達成。所以同樣的問句帶來不同的能量與自我對未來掌控的暗示，這也是我做對話提問時經常會提醒自己的地方：如何才能把一句話改變成帶有正向力量的提問，幫助當事人找到為自己負責的力量，打開他們未曾體驗的超能力封印。

提問能力來自人類對世界所有人事物發出的好奇探知本能，還記得孩子大約三、四歲時，大腦智力正積極接受世界對他們的刺激，在神經突觸大規模伸出連結拓展的同時，他們總喜歡一股腦對周遭大人發問。我看過一位老太太帶著三歲孫子在戶外走路，他不斷問奶奶：「阿嬤，這是什麼花？」「阿嬤，為什麼我們要來這裡？」「阿嬤，為什麼有黃色的車子？」

聽到三歲的孩子連珠砲的發出這麼多提問，我不禁好奇，成年人的我們怎麼似乎把這樣的好奇心拋諸腦後？是不是在成長的過程中，我們也受到家庭、社會或學校的禮數制約，讓我們漸漸的對很多事情沒有了好奇？

在《冰山對話》一書中，我特別強調五種好奇的提問，包括：

1 回映與共頻（Reflection）。
2 對當事人的衝擊與影響（Impact）。
3 對非語言訊息的好奇（Non-Verbal）。
4 現在與過去的關聯（Association）。
5 未來的決定（Decision）。

這五種好奇的提問都是圍繞在關注「人」發生什麼事，從過去的經驗看到現在自己的狀態，並釐清怎麼做才是對自己最好的決定。

除了上述五種好奇的提問，對話時要特別提醒自己不要踩到常見的地雷，例如：

1 不說道理

「人之患，在好為人師。」以大道理為前提的對話往往令人卻步，提問者也會變成高高在上，無法落地靠近他人。

2 不解釋

人之所以想一直解釋，很可能是內在感到委屈、受傷而不覺察，反而想透過解釋來改變對方。

3 不給答案

別急著給對方答案，而是要多理解當事人真正遇到的困境，知道他們在哪些地方卡住了。

4 不提供建議

許多人見到別人受苦會慣性的想給予解決方法，要記住，當事人更需要的是為自己負責，做出想要的決定。

5 不預設立場

跳脫自己是非對錯的觀點，不要試圖引導對方到自己期待的「對」的事物上，這樣會變成一種執念，令對話者失去同理的姿態。

6 不質問

有些提問會隱藏「質問」的語氣，例如：「你為什麼又遲到？」「你以為人家很好欺負嗎？」這類口吻雖然以問句結尾，但會讓當事人感到被指責，不被接納。

除了明白這六個地雷，提問者還需要記住一件重要的事，對話的目的不是想解決當事人的問題，而是透過探索過程去接近他，發掘對方在困境裡的體驗，並幫助他利用對話找到自己的正向力量。也因如此，提問者必須製造讓當事人能夠回應的空間，安全、寧靜、平穩的說出真正的聲音，所以「要留下回應後路」也是對話時需要不斷提醒自己做到的部分。

像是前述清崎提問時，窮爸爸的回應是：「我們負擔不起全家一起旅行的費用。」這句話直接把原本應該好好進行的一段對話畫下了句點，沒辦法讓清崎順利接著應答，這就是一句「沒有留下回應後路」的回應。

◆好的對話要設計一來一往的交流空間

關於在對話裡刻意製造一個善意的提問結尾，讓對方能夠安全的回答，我想到幾年前在餐廳的一段對話。

某日趁著天氣好，太陽高照，我與太太駕車出遊，往龍潭的一路上，看著清明山景，白雲朵朵，心中特別輕鬆。

開一段路程之後，我們找了一間客家餐廳用餐，甫進門便發現客人不少，貌似當地居民都知道要來這家餐廳打牙祭。

用餐途中，當我正將玉米白斬雞挾進碗裡，聽到隔壁桌的客人正在聊天。

客人A：「疫情終於結束了，你有計劃要出國去玩嗎？」

客人B：「想呀，可能明年吧！」

客人A：「是喔，你以前去過哪玩？」

客人B：「主要是東南亞，像是新加坡、泰國和印尼等。」

客人A：「你最遠去過哪？」

客人B：「美國洛杉磯，之前去玩了幾天。」

客人A：「你去過美國喔，怎麼沒跟我說？早知道就叫你幫我買東西回來。」

聽到這裡，我抬頭看了一下客人B的表情，他只是靦腆笑了一下，沒有回話。

「他可以怎麼回答呢？」我心想。

1 「早知道你會叫我買東西，所以不想跟你說。」

↓如果B這樣說肯定會得罪人。

2 「對呀，忘了跟你說，下次去美國再通知你。」

→B如果這麼說會顯得有點虛偽。

3 「你自己出國再去買就好了。」

→B如果這麼說會有點拒人於千里之外。

看起來這個問題讓人不好回答，也難怪他們的對話就到這裡告一段落。

吃完飯後，我走到櫃檯排隊準備結帳，前面的客人嘴裡喃喃唸著：「怎麼沒有 Line Pay 或街口支付，好歹也裝個 Apple Pay。現在電子支付很流行了，你們怎麼什麼 Pay 都沒有？」

聽到這個問題，我也在心裡嘀咕了一下，如果我是店員應該怎麼回應才合乎禮貌且不得罪人。

我想來想去不得其果，突然腦袋浮現一個回答：「只有 Sand Tree Pay（打耳光）啦！」當然，這是我腦中小劇場給自己的一種打岔場景。

不過，原來我們話語中其實充滿「不給台階下」的語言呀！我發現有時候自己也會有這種習性，講出來的話非但不得體，也令人難以回覆。這可能和我過去在家裡的應對習慣有關，總是覺得在口頭上能夠擠兌別人、占了上風，自己就能夠高人一等，殊不知是內在自我價值感太低，才練就想用嘴皮子勝過別人的習性。

好的對話通常要經過一點「設計」，至少是創造可以一來一往訊息交流的空間，如果我們的話語像是粗暴的一巴掌直接搧人耳光，對話肯定就不容易持續下去。

我在《冰山對話》提到要搬好台階讓人下台，這是對話的基本態度。好的對話像網球場上雙方來回揮拍練球的狀態，通常暖身時會拉長彼此揮拍次數，不會一下子就打出刁鑽的對角球或凶狠殺球，這樣只會讓暖身活動很快結束。如果沒有覺察到自己的語言呈現不斷殺球的狀態，就會導致雙方很難繼續對話下去，甚至引起誤會，破壞關係。

對話裡不斷殺球也像是說話不給情面，直接搧人耳光。

對話時要記得「給對方留下回應後路」，才可以讓彼此的談話順利展開，如果只顧著表達自己的觀點或期待，在自己跟對方中間畫出一條鴻溝，這樣對方即便要靠近你，都需要花費九牛二虎之力才能辦到。

以前我也常常說出類似這樣的話：

「你來台北怎麼沒找我，是不是不把我當朋友？」

「你是天真還是蠢，怎麼這麼簡單的事都做不好？」

「我要是你，早就羞愧的跳樓了。」

「你腦袋有沒有帶來？怎麼連這個都不會？」

這樣的話語其實帶著鄙視、輕蔑的姿態，也不容易讓對方能順利回答，所以太太常常提醒我：「凡事自嘲就好，莫要取笑他人。」更重要的是，當我們在對話裡不覺察自己，說出去的話像是在搧人耳光，很難期待彼此能夠和諧、順暢的溝通。

當說出來的話像是 Sand Tree Pay 令人難堪，原本只是好奇可以用什麼電子支付的尋常問句，就會讓人難以忍受了。

不說道理、不解釋、不給答案、不提供建議、不預設立場、不質問、要留下回應後路，秉持這六不一要的對話提醒，我們可以立足在一個很好的起點上，談話遊刃有餘。

運用時間軸

薩提爾女士說：「當你開始覺察到過去的經驗如何對你的現在帶來影響時，過去就變成了一道覺知的光。」

過去、現在與未來往往互相糾纏。當我們以為過去的事件無法改變，對已經發生的事情無能為力時，我們現在擁有的新觀點往往可以轉變以前事件帶來的衝擊，變成能力與滋養。

在每個人的腦內小劇場，我們是人生的編劇與導演，前文提到，相同事件運用兩種不同視角就會得到不同的詮釋、不同的感受，所以只要拿回導演與編劇的主導權，你就能逃脫受害者角色，對生命帶來新解釋。

舉例來說，當你與人談話時，對方突然翻了一個白眼，容易轉念的人會詮釋成對方可能眼睛疲累，需要動動眼球舒緩壓力，但容易負面思考的人會把劇本寫成「他是不是對我說的話有意見？」

同樣一個動作，卻可以有兩個不同解讀，這個解讀其實跟對方完全無關，而是我們內在思維系統做出習慣的詮釋。請注意，所謂「習慣」的詮釋不代表事實，只是我們受到以往教育或生活經驗帶來的影響，在刺激之下我們的神經覺啟動，自動化做出習慣的回應。

在日常生活中，這些自動化的反應隨時會出現，我們卻不自知。某次我與朋友到餐廳用餐，服務生帶位後，親切的說餐廳使用 QR Code 點餐，朋友一聽就顯露不耐，直接對服務生說：「有紙本菜單嗎？我年紀大了不會掃碼點餐。」

「年紀大了也可以學習呀！」服務生笑笑回應。

「我幹嘛學習，頂多下次不來你們餐廳就好了！」朋友微慍並很快的回覆道。

沒過多久，服務生還是拿了紙本菜單給我們。這時候朋友突然醒悟似的說，剛剛那樣說話是不是太衝了，應該可以委婉的表達就好，我笑笑看著朋友沒答腔。

雖然話說出口才覺得不妥，但至少朋友事後做了覺察，比不知不覺來得更好一些。

我們這些慣性的行動或語言其實不是當下在新的覺知之下產生的，而是長久累積而成，這也是薩提爾模式冰山架構迷人之處。因為每個人都是一座冰山，而這座冰山並非出生到現在一成不變，是跟隨時間推展有了不一樣的演化。如果能夠知道過去如何影響一個人，就很有機會「看見」與理解一個人為了求生存做出的每一階段決定、形成每一時期的觀點。

在我們所處的四維空間裡，包含了「時間」這個維度，是我們在對話裡經常忽略的關鍵元素。薩提爾女士進行家族治療時，會特別運用對「時間」的提問，幫助案主找到事件與衝擊發生的起源，藉此釐清為什麼現在的我是這樣的狀態。有些人不願意回想一些不堪事蹟，很可能是這些創傷事件帶來巨大傷害，但即便不去看、不去回想，不代表創傷不存在或沒有造成影響。

創傷研究先驅貝塞爾・范德寇（Bessel van der Kolk）在號稱創傷療癒經典之作《心靈的傷，身體會記住》寫道：「為了恢復自我掌控，需要重訪創傷。你遲早都要面對發生過的事，但前提是你已經覺得很安全，不會再度受創。」

讀者要切記這一段話的重點：前提是你已經覺得很安全。

進行深刻對話時讓當事人感到放心、安全，是讓他繼續願意陳述的重要關鍵，如果對話者自身晃動、手足無措、不知如何是好，請先回應與連結自己內在的衝擊，並判斷對方是否可能因為「重訪創傷」帶來二度傷害（畢竟很多時候一開始不會知道對方受過創傷），此時最好接納自己與對方的狀態，覺察自己是否可能陷入自動化的「路障」模式，然後停止接下來的對話，因為任何不安全的談話都可能帶給當事人不必要的傷害，他們可能更需要專業精神科、身心科醫師或心理師的陪伴。

除了重大創傷，人們還會因為外人可能認為微不足道的事導致成年之後的影響。以前科學研究沒有近代這麼多，很多當年發生的事現在都被認為是心理創傷的來源之一，這些畫面有時候閃瞬即逝，但在心裡或多或少留下一些陰影。

下面列舉幾個可能我們小時候就埋藏在心裡的創傷點。

1 你發現父母的關係變得冷淡、忽略。

2 你被迫在兩個你愛的人中間做出選擇。

3 從小被迫要當個「小大人」，沒辦法在生氣、難過、痛苦時依賴父母任何一方。

4 父母不願意同時出席你的團體活動。

5 父母在你面前用言語攻擊另外一半，讓你不知為誰辯護。

6 看見父母的關係不睦，導致你不知道怎麼培養健康的人際關係。

雖然這些事件不見得被歸納為重大創傷，但凡讓孩子看見、體驗或糾纏在父母破碎的關係裡，都可能造成孩子的創傷畫面。知道這些訊息不代表我們可以因此怪罪父母，因為他們或許也不願意造成我們的陰影。

知道這些訊息表示我們更能理解生長環境如何形塑一個人，也可以讓我們不用再背負所有原罪，我們可以做的是盡量把這些負面影響轉化成正向資源，並且帶給下一代更好的滋養。

◆從過去看見現在的狀態

薩提爾模式注重體驗感，所以工作坊中常常看見雕塑的場景，尤其講述不一致的應對姿態時，會讓現場學員體驗自己在不同姿態下，擁有的感受與觀點。

我曾在課堂邀請學員從一個打岔姿態的情境（先生轉身不願意與太太溝通）體驗內在感覺。扮演打岔的先生面對不斷指責的太太通常選擇遠離戰場不予回應，我請扮演的先生說說內在感受。

「生氣、無奈與委屈。」扮演先生的學員這麼說。

在一輪應對姿態示範之後，他發現原來自己的打岔姿態會給全家甚至孩子帶來這麼多的影響，我問他：「你現在看到家庭圖像裡呈現的困境了，那麼你會想做出改變嗎？」

「會。」先生點點頭。

我請扮演太太的學員繼續伸手指責先生，再請他試圖擺脫過去的打岔姿態（仍然轉身背對太太），看看他怎麼做才能盡量讓自己趨於一致性。

「現在背對著太太的你，想做出什麼改變？」我把麥克風遞給背對著太太的先生。

「應該是要先轉身吧！」先生這麼回應。

「你要轉身嗎？」我眼神示意，請他開始轉身。

沒想到等了大約半分鐘，先生始終不動如山。

「你想轉身嗎？」我再度詢問。

學員漲紅了臉，身體有些不知所措的略微顫動，但仍然沒有轉身。

我深感好奇，不知道他卡在什麼地方，如果頭腦認知是要轉身與太太做一致性的應對，為何身體不聽大腦使喚呢？

「如果轉身你會如何？」我詢問學員的狀態。

「我會覺得很沒面子，那又不是我的問題。」學員說。

「你想要這樣僵持多久？」我問。

「我也不知道。」學員答。

看待一個人慣性姿態與壓力下的不自主反應時，通常我們會釐清這個應對姿態何時開始作用，如果缺乏脈絡的探尋，就難以理解為何遇到類似場景始終無法鬆開心結。

其實每個人體內都有資源可以走出壓力困境，像是很多人沮喪時會利用深呼吸和緩情緒；心裡紛亂時會記得先離開壓力現場到戶外走一走散散心；當我們傷心時，需要有個人專注陪伴或擁抱。這些都是運用我們生理上對資源的運用，來面對各種壓力。

只是要如何快速、輕鬆或巧妙的運用自身資源面對與過去類似的情境激發，需要不斷的學習。

心理創傷治療大師彼得．列汶（Peter A. Levine）提過：「要擺脫症狀和恐懼，我們需要做的是喚醒深層的生理資源，並有意識的利用它們。」

在釋放創傷時如此，在面對日常生活壓力時，我認為也有異曲同工之妙。

「小時候在家裡，你爸媽大概是什麼樣的姿態？」我好奇。

「我爸爸屬於指責，媽媽多半討好。」學員說。

「如果看到爸爸在指責，而媽媽在討好，你心裡會有什麼感覺？」我從童年經驗開始探索，想知道他這個慣用的打岔姿態是如何產生的。

在這裡我運用了對話的回溯，幫助當事人看見慣性姿態的養成從何而來，這有助於他同理自己的狀態，看見過去的困境。

「覺得很生氣，從以前爸爸對媽媽就是言語暴力，所以我也看不下去。」

「以前你看到爸爸罵媽媽，你都會做什麼？」

「小時候什麼也不能做，長大之後就希望媽媽跟爸爸離婚，為了自己的下半生能夠過得快樂一些。」

「媽媽怎麼說？」

「她說不能離婚，離婚之後什麼都沒有了。」學員說到這裡嘆了一口氣。

「媽媽這樣說，你感覺如何？」

「也是生氣，媽媽怎麼這麼固執，她又沒做錯什麼，怎麼會需要被爸爸這樣指責對待。」

「你有對爸爸抗議過嗎？」

「當然，長大以後我跟他吵過很多次架，但是每次吵架媽媽都來跟我說不要跟爸爸計較。」

「媽媽來跟你說情啊？」

「對啊，好像我是為了自己一樣，所以後來乾脆不理他們，上了大學之後連家都不想回去。」

「你上次回家是什麼時候？」這個問句的用意是帶入一個具體時間，這樣能幫助學員回到當時的場景，加深感受。

「過年的時候吧！」

「平常你會想回家嗎？」我問。

「不想，回家又要吵架。」他說到這裡神情顯得堅決。

「你是不想回家，還是不想吵架？對我而言兩者有區別，因為內在可能有個嚮往，但因為害怕吵架的場景，乾脆放棄這個嚮往。你是哪一個？」我做了一個區分。

「可能是不想吵架吧！」學員歪頭想了想。

「看起來你不願意回家，跟現在不願意轉身有點像，是嗎？」

學員愣了一下，似乎發現一些事情。

「老師，你這麼一說，我突然發現跟老婆吵架時，也都是她先來道歉，我很久之後才願意開口，可能跟這個也是類似情況。」他幽幽說道。

「那怎麼辦，你現在發現這個關聯，想要做出改變嗎？」我問。

「如果你想但目前還做不到也沒關係，因為只要想，我們就有目標。如果你壓根不想改變，當然就會回到以前既有的慣性裡生活。」我強調。

這一句問話是強化一個人的意圖，後文我會解釋為何在對話中光設定目標還不夠，我們要確認與強化當事人的意圖才有動力可以往前邁進。

「老師，我想，但我猜現在還是做不到。」他深呼吸後答道。

「沒關係，想就可以了。」我點點頭回應。

我看著這個左右為難的年輕人，試圖從另一個角度強化他的意圖。

「現在我給你兩個情境，你看看要哪個。場景一，你可以繼續在指責壓力下維持打岔的姿態，不主動轉身尋求和解之道，在這裡你可能會保有自尊，但結果是與太太可能常常陷入冷戰，除非太太來求情，而你和爸媽也缺乏溫暖連結。

「場景二，你在指責的壓力下，當慣性升起，你會立刻打岔轉身逃避衝突，但是你開始有覺知，知道要轉身。轉身的那一剎那，你會吞下自尊並感覺到有點生氣與委屈，你能允許自己的生氣與委屈感在體內興起，然後與自己的感受同在。這時候你會有機會做出一致性表達，向家人遞出善意的橄欖枝。

「這兩個場景，你喜歡哪一個？」我最後讓學員做出自己的決定。

我特意在談話中形塑兩個極有可能的場景，製造巨大的反差，讓學員能看見他現在身處的狀態並為自己選擇。

「吞下自尊。」學員做了一個深呼吸後緩緩吐出這四個字，彷彿做出了人生重大宣示。

學員說完之後，眼眶有些泛淚，我也讓他花一點時間與自己的感受相處一會兒。

「你怎麼會願意？」片刻之後我問。

「因為我還是希望能與爸媽和解，也不希望我和太太的關係影響了孩子。」

其實，我們都忽略愛的驅動力有多麼大，在童年的經驗裡，我們認知到的父子關係多數是緊繃、疏離的，但生命底層仍然有著渴望，希望與爸媽更靠近一些。

我們並不是沒有資源可以扭轉當前的局面，只是忘了覺察自己，只要更靠近自己、接納自己，所謂「吞下自尊」的轉身動作也只是自我綑綁的執念。

「Swallow your pride.」（吞下自尊。）換個角度，終究只是接納一個會生氣、委屈與難過的自己。

◆對未來的想像

除了運用時間回溯去理解當事人過去發生過什麼事做為重要的敘事技巧，對話者還可以把時間軸往未來挪動，這樣可以令當事人更能覺察當下的決定是否合理，是否還有機會在現在替自己做出不同的決定。

透過後文的對話案例，我想說明為何將時間軸往後挪動，能讓當事人開啟自己的新故事，讓他們對自我獨特經驗做出新的詮釋，找到對自己的認同與價值，創造新的意義。這也是敘事治療學派側重的重點，藉由當事人自己建構未來圖像，鬆動原本的主流事件，發展出個人替代故事。

有次我到外地進行工作坊，第一天清晨突然下起大雨，窗外明顯傳來雨滴落在窗沿的滴答聲響，將我從睡夢中吵醒。直到出門那一刻，雨勢絲毫不見減緩，看來這一天應該都是這樣濕答答了。

來到課堂，看見魚貫入場的學員有些淋了雨，看來有點狼狽，有些好整以暇收好雨具準備一天的課程。

我掃了一圈現場的學員，並將目光放在離我僅有一公尺的彥堂身上。他身穿牛仔褲與T恤，年約三十歲，身高一百七十五公分左右，看起來年輕有朝氣。

「彥堂，能不能告訴我，你怎麼會來課堂上學習，你的目標是什麼？」我提問。

「我在學校當老師，想要多了解心理學的東西，還有如何對話，用來幫助我和學生互動。」

「原來是這樣。你想學對話，除了和學生互動，也會想運用在日常嗎？像是家人或是朋友？」

「沒有，我沒有想和家人互動。」

彥堂這個回應倒是出乎我意料，也引發我的好奇。

「你平常和家人的連結多嗎？」我問。

「除了和妹妹，偶爾也會和媽媽說話。」

「爸爸呢？」我很大膽的直接拋出這個問題。

「彥堂，我這麼直接提問，你會介意嗎？如果不想說，就告訴我你不想說，我就不多問了。我只是想要多提醒你一下，你自己決定好嗎？」為了避免課堂講師帶來的無形壓力，也顧慮到有些人不善於拒絕，所以我特別在這裡希望學員能夠懂得為自己發言，把自主權拿回到自己身上。

「我沒關係，都可以說。」

「嗯。」我點點頭示意。

「我和爸爸很少講話，他從小對我比較嚴厲，所以我高中以後就不大跟他交談了，除非真的有必要。反正他說話很難聽，我也當耳邊風。」

「從高中以後到現在有十幾年了吧？」我問。

「對啊！」

我倒抽了一口涼氣，一個孩子這麼早以前就決定不跟爸爸做深刻交流，這個孩子過去發生了什麼事？

由於時間關係，我並未針對彥堂過去的事件多加探索，只是對他這個決定有了一些對他未來的好奇。

「彥堂，你說不大想跟爸爸交談，這個狀態已經十幾年了。我想問你，還要維持這個狀態多久？」

我本以為他會希望在爸爸有生之年盡早解開父子之間的結，沒想到他很快就回應我：「一輩子吧！」

「一輩子？」我問。

「對啊！」彥堂說。

按照眼前彥堂的歲數來看，可能接下來三、四十年父子之間會是一場靈魂折磨靈魂的考驗。

「彥堂，不想跟爸爸說話，是因為以前他說的話傷了你嗎？」

「他說話很傷人啊！」

「你受傷了嗎？」

彥堂點點頭。

「到現在為止，你這個傷還在隱隱做痛嗎？」我問。

一個受傷的孩子要經歷哪些事，才會決定一輩子不想跟爸爸有很好的連結關係呀？除了心疼，我也想知道他是否仍處在這個痛苦之中。

彥堂突然紅了眼眶，彷彿有人看穿他的心事，父子之間的愛恨情仇突然一股腦湧上心頭，在某個導火線上爆發後，他開始決定要在爸爸面前封閉自己，這對他而言才是最安全的方式。

「彥堂，你不想跟爸爸好好連結，是因為害怕再度受傷嗎？」我再問。

「嗯。」

「我知道了。那我如果幫你設定一個場景，讓你內在強大，不再受傷，爸爸不管怎麼做、怎麼說，都是他的課題，你能夠直接面對爸爸，也不會心有畏懼，反而能夠如實呈現一致的自己。如果我們設定這個目標，你會想要嗎？」

「要！」彥堂思考了一下，看似有些激動的回答。

「彥堂，我再確認一次，你的目標設定為變成一個強大的自己，面對爸爸你不再受傷，讓自己成為自己，也讓爸爸成為他想要的樣子。你要嗎？」

設定目標是對話中非常重要的一環，代表我們要前進的方向，是指引動力輸出的羅盤。沒有這個目標，我們在對話裡就會呈現雜亂無章的狀態，無法帶領當事人看見真正的自己。

目標一旦確定，對話者才有辦法好好和當事人討論接下來會經歷哪些過程，哪些方法才適合派上用場。最後的問句「你要嗎？」則是強化對這個目標的意圖，把他背後的驅動力增強。

「我要！」彥堂斬釘截鐵的說著。

「好，既然如此，你打算給自己多少時間，變成一個強大的自己，然後跟爸爸一致性的表達？」既然有了目標，這個時候「時間長度」就可以放進來討論，彥堂有了更具體的時程的同時，也能強化他的動力。

「三年吧！」彥堂沉吟了一會兒，眼神有點遲疑的輕聲回。

「好的，彥堂。」

我跟彥堂的對話到這兒，邀請他先做一個深呼吸，感受此刻內在感覺是什麼，並核對他能否辨識此前和現在的差異。

「現在的感受是什麼？」我問。

「有點緊張、有點擔心，也有點焦慮。」他回道。

「很好的覺察，能夠接納自己的緊張、擔心與焦慮嗎？」

「可以。」彥堂快速的回應。

我知道此刻彥堂可能是大腦慣性的回覆，不見得是從心裡發出來那一股聲音，因此我又多了一次核對。

「面對爸爸就會緊張與焦慮，你允許嗎？」我問。

「我不想耶。」彥堂頓了一下，突然改口。

「很好，這個覺察很快。」我口頭讚許了一下。

在敘事治療中，對話者可以運用「雙重聆聽」（傾聽當事人的問題與了解當事人對問題的觀點）以及「偏好故事的提問」（尋找當事人渴望的偏好故事成為未來的替代故事），幫助當事人拾回做自己的電影導演與編劇的主導權。

我與彥堂的對話稍微停頓一下，接著問：「彥堂，你在學校當老師對嗎？」

「對，我在小學。」

「有看過小學生在操場跑步嗎？」

「有的。」

「如果某個學生跑操場時跌倒了，擦破皮嚎啕大哭，感覺很痛苦、挫折，這時你會怎麼做？」

「我會走過去，好好陪他一會兒。」彥堂深知做為老師應該如何對待挫敗的孩子，我心想。

人們通常會忽略自己具備的強大能力，透過一些簡單畫面他們會看見原來自己可以用一個成年人之姿去貼近一個孩子。

接下來的對話我運用「反差」的方式，讓彥堂看見他對孩子與對自己有多大的不同。

「你能允許、接納孩子有挫敗嗎？」

「可以。」彥堂說。

「你願意靠近有挫敗的孩子嗎？」我再一次強化這個圖像，目的是為了讓彥堂走入帶著愛與關懷的想像世界，他是有能力照顧挫敗孩子的老師。

「我願意。」

「很好。彥堂，如果那個孩子是你呢？你可以失敗嗎？」我的話語做出了轉折。

彥堂突然眼睛睜大看著我，一副不可置信的樣子，他可能沒想過自己可以這麼反射式的靠近一個跌倒、失敗的孩子，但卻從不知道，他正離心中的自己愈來愈遠。

我們的對話來到關鍵的奇異點：原來我們抗拒的不是別人，而是自己。就在最後，彥堂點點頭，接納跌倒挫敗的自己，也同時接納在爸爸面前努力想一致性表達但不見得能成功的自己。他低著頭，任憑臉頰流滿了淚水。

彥堂的眼淚和窗外的雨滴交織成一篇美妙的生命樂章。

從認知到體驗，人隨時可以為自己做出決定。原本打算一輩子不與爸爸有深刻連結的孩子，到為自己做出新的決定，再到他能夠接納這個也會失敗的自己，原本可能承襲了爸爸目光的彥堂，終於有機會擺脫爸爸帶來的影響，為自己的人生拿回主導權。

巧的是，那天我步出教室時天空已然放晴，空氣中瀰漫一股清新氣味。

留意關鍵字

喜歡看電影的我，若看到懸疑劇情類型的總會被多吸引一點，像之前的「無間警探」、「東城奇案」到近期的「下流正義」，劇情推進令人想不通凶手是誰或到底關鍵在哪。

我在「下流正義」第一季發現前面幾集有幾幕提到辯護律師找到致勝關鍵，律師藉此可以突破檢察官的辯論攻防，雖然隨著劇情鋪陳已經透露出大量暗示，但我始終拼湊不出編劇究竟要怎麼解釋嫌疑人身上為什麼會有開槍之後呈現的煙硝反應。

影集裡嫌疑人回家後看見太太與姦夫雙雙倒臥血泊之中，死於非命，他堅稱自己是清白的，只不過在警察局接受偵訊時，他被發現身上有大量煙硝反應，成了他遭定罪的最大證據。

辯護律師為了幫嫌疑人找到證據證明開槍的不是他，四處蒐集訊息，試圖找出關鍵資訊，解釋嫌疑人身上煙硝反應的原因。（嫌疑人供稱不知道為什麼身上有這麼多的煙硝反應，反正他不是凶手。）

為了不爆雷，我就不多陳述劇情。只不過，我想提一個有趣的畫面，如果經常看歐美偵探電影或電視劇，會發現他們很喜歡將蒐集到的所有證據一個一個寫在大白板上；或利用照片與紙張把所有的信息貼出來，甚至放在地上。這時候，偵探就會站在大白板前，一個一個端詳，試圖拼湊出每個人事物的關聯。

這好像是歐美人思考的習慣，將訊息圖像化，找出每個訊息的關聯性，發現當中的重要關鍵，打開突破口，這似乎是很好的思維推敲方式。

珠算、圍棋或打牌都有助於培養邏輯思考能力，如果能加上一些圖形推演，我認為應該對於理解一個人的故事會加速許多。

我授課時，也經常提到可以利用圖像幫助自己與當事人連結自身的感官經驗，找到衝擊最大的關鍵詞。如果能夠細心的在當事人的話語裡發現幾個關鍵字，利用這些詞彙多加核對，很容易就可以知道對方真正在乎的是什麼。

我經常觀看學員練習對話，有時姿態平穩，語態也很柔和，但卻好像打高空似的怎麼也進入不了關鍵核心。

舉例來說，我看過後文這樣的對話，範例裡A是陳述者，B是提問者。

A：「每次過年過節的時候，家人都問我何時要結婚，我就覺得很煩。」

B：「你很煩的時候會做什麼呢？」

A：「就不想講話呀，然後就不想回家。」

B：「如果不回家的話，家人會數落你嗎？」

A：「會呀，真的不行就讓他們唸吧！少回去的話，久久一次被唸也還好啦！」

B：「所以你被唸的時候，你也是可以接納的嗎？」

A：「可以。」

通常上面的提問到這裡就會進入死胡同，提問者再多問也只像是閒聊無法進入一個人的內在。因為提問者沒有主導議題，反而被陳述者以不著痕跡的敘事方式掩蓋重要訊息。

如果我們回到A第一句的陳述，你能將幾個關鍵字拉出來看一看嗎？我會嘗試找出幾個關鍵的字：「過年過節」、「家人」、「結婚」、「很煩」。如果你知道人們語言的輸出和大腦布洛卡區運算有關，也明白這些語言訊息很多來自我們的經驗，你就會很快知道每個字、每組詞彙都有意義。為什麼A在談論這個議題時要提出年節、家人、結婚、煩這些字眼呢？想必跟他的過去經驗有關。如果忽略這些關鍵字帶來的訊息，就可能忽略當事人真正想要表達的。

所以根據上面的關鍵字，我們就可以得出以下幾種提問方式：

1 你提到家人，是指誰？哪個人談到這個議題時你覺得最不耐煩？

2 你過年過節才回去嗎？平常不回去嗎？

3 你對結婚這個議題覺得煩嗎？你怎麼看待結婚這件事？

4 還記得上次誰跟你談過結婚這件事嗎？當時你的反應是什麼？

每個關鍵字引伸出來都可能成為一個議題，當議題彰顯之後，才有機會更了解當事人真正糾結的是什麼，有什麼是我們可以深入探討的。

如果沒有找到關鍵詞組，再多問話就會像是永不落入水面的姜太公釣竿，很難會有魚兒上鉤回應。

看電視劇時，編劇為了故弄玄虛有時會釋放一些無效的線頭，讓人誤以為凶手就是我們想像的那個人，但不到最後關鍵，我們永遠也猜不透誰是真正的幕後指使者或凶手。

在對話的過程裡我也會這樣看。

有些談話經常夾雜無效訊息，更有些人會習慣性的劈里啪啦一直陳述，我們要能夠從這些廣大訊息裡找到真正有意義的關鍵字，才會有更高品質的對話。當事人因為生長環境或職業，語言經常呈現出自己的生活習慣。例如，我與做自媒體直播的夥伴談話時，他們常有「無法停下來」的說話習慣，尤其是停頓與留白會讓他們尷尬癌發作，這很可能與他們平常工作有關，在鏡頭前不允許恍神或空白。

只是，不停說話容易讓人停留在大腦表面層次，無法靠近自己的內在情緒。做為主導議題的提問者要懂得適時在對方陳述時打斷他，並中斷幾秒鐘，把當事人原本的慣性刻意中止，才能夠讓他回到感受層次。

當片刻沉默成為陳述者與提問者共同的經驗時，那段空白就是絕佳的心裡探索寶山，讓當事人原本不覺察的想法及感受浮現檯面。

曾有一位媽媽學員的提問夾雜許多無效訊息，講話也連續不中斷。

「我想請問老師一個問題。我有個上高中的兒子，他最近跟他爸爸冷戰。他爸爸很早就叫他高中時候不要交女朋友，他也不聽，最近跟女朋友分手了，心情很沮喪，爸爸就跟他說要振作起來念書，不要再想著交女朋友的事。結果我兒子就跟爸爸吵架，鬧得很不愉快。我兒子之前就有自殘現象，我們也帶他去看過身心科，後來也嘗試諮商，但他的情緒一樣很不穩定。我先生每次跟兒子講話最後都是不歡而散，想請問老師該怎麼辦？」

這一連串敘述雖然夾帶很多資訊，但對我而言並不構成一個可以回應的提問，因為當事人沒有真正提出她面臨到的問題或困難，只是陳述先生和兒子的故事。這呼應了前文提到的，這不是個真正的問題。

「這對你有什麼衝擊或影響？」我在這裡將她的敘述中斷之後，才切中核心的詢問她，對話要大量圍繞在當事人身上，才有辦法釐清為何她認為這需要被處理。

之後她才談到自己的議題，原來她分別與兒子及先生溝通時，也有很多挫敗，身兼媽媽和太太角色，她左右為難。

可以見得，這個陳述裡真正的問題在於「我要怎麼與孩子和先生應對」，而不是先生與孩子之間的議題。對我而言，先生與兒子並非跟我對話的當事人，除了無法客觀得到故事全貌，「隔空開藥」給先生或兒子也不是這一段對話能夠處理的事。明確當事人的議題之後，我們才有辦法真正找到問題的核心，並且找到一條能夠接近當事人的道路。

我把一個深層對話初始階段可以操作的步驟羅列如下，把對應的首字母拉出來成為一個IKII的口訣：

- I（Information Collecting）：收集大量訊息。
- K（Keyword Searching）：過濾不必要線頭，找出關鍵字。
- I（Issue Developing）：將關鍵字發展出當事人的重要議題。
- I（Impact Highlighting）：在議題裡找出差異化，對當事人的影響。

這幾個步驟可以幫助提問者問對問題，也可以很快就找到核心議題關鍵。如果能夠很快掌握技巧，來回與當事人穿梭提問後，應該不難找出關鍵之鑰。

熟悉這些步驟，來看看後文這樣一個提問，我們是否可以很快掌握關鍵字。

「老師，我想請問，為什麼每次看到別人痛苦或難過時，我也覺得很痛苦、很難過，我該怎麼做才不會覺得痛苦？」

雖然問題很簡單、很簡短，但我會把關鍵字放在「別人」、「痛苦」這兩組詞上。所以我接下來就會這麼問：

1 誰在痛苦的時候你感覺到最痛苦？

2 上一次你感覺到痛苦、難過是什麼時候？

3 你對痛苦與難過這樣的感受有什麼看法？你允許這樣的感受嗎？

每個問題都有可能連結到新的議題上，而新的議題打開時，我們就更能看見一個人的冰山在這個議題底下形成的樣貌。

看見了他人的內在冰山，我們帶著神聖、安定與接納的心逐漸靠近他人，就有機會讓當事人打開新的覺知，找到支持的力量。

同理心的力量

網飛的知名影集「王冠」最後一季裡，劇情來到令人心碎的黛安娜王妃在巴黎車禍過世。我回想起一九九七年八月三十一日的事件震驚世人，我聽到這個消息時也同樣不可置信，新聞畫面裡不少人湧入倫敦，悼念笑容可掬、樂做公益的黛安娜王妃。

由於黛安娜王妃與查爾斯王子早已離婚，皇室與她可以說沒有太多關係，當時英國女皇伊莉莎白二世第一時間沒有發表任何言論，引得許多人心生不滿。

在劇裡，查爾斯王子向女王勸說，這個世界都在看女王的姿態，如果不說點什麼，全世界都會認為她冷酷無情，這樣也無助於全國哀悼的子民得到安慰。

女王向查爾斯王子說，當年你不聽眾人勸告執意要與黛安娜離婚，這難道是我願意的嗎？現在黛安娜跟王室沒有關係了，如果我還做出什麼舉動來哀悼她，這不就壞了皇室的規矩？

當我看到這一段劇情時，心裡頗為激動。其實不論皇室或一般百姓，很多人在面對情感與理性的衝撞時，都會有類似的拉扯。

我聽過一個故事，有個女孩喜歡上一個有家室的男人，男人長年獨身在外地打拚，因為工作關係愛上這個女孩，後來與元配為此爭執企圖離婚，但元配怎麼說也不願意讓男人得償宿願，婚姻就這樣名存實亡，女孩也成了第三者。

女孩的父親對這段戀情深感不滿，嚴厲批評她，希望她盡早離開這個男人，但女孩不願意放棄得來不易的愛情，與父親產生齟齬，為此多年不願意和他說話。

很多年以後，男人與元配終於離婚，女孩也有機會跟男人結婚。只是，始終不認同這段感情的父親在女兒的婚禮上依舊選擇缺席。

有人問他為何不放下成見，跟女兒重修舊好，顯示一個做父親的寬容呢？

女孩的父親說，我怎麼能去接受這樣一段感情呢？如果我妥協了，不就代表我堅持的做人處事價值和長期以來的教育理念完全失去意義？就算我希望女兒幸福，我也不能祝福他們這一段感情。

女孩為此與父親幾乎決裂，無法理解為何父親這麼固執，一段辛苦走來好不容易修成正果的愛情為何不能被父親認同。今天要幸福的不是別人，是他從小捧在手心的女兒不是嗎？

當理性與感性在拔河時，你希望哪一邊獲勝？

這世界上很多事情沒有標準答案，每個人的思考邏輯也不盡相同。如果把是非黑白這種二元對立的觀點擺在前面，很多人與人之間的連結會瞬間斷裂。

英國皇室如此，我們周遭的故事也是如此。

在「王冠」劇中，查爾斯王子看見倫敦聚集愈來愈多前來哀悼黛安娜王妃的群眾，建議女王認真考慮回到倫敦發表能安定人心的言論，女王則回應：「做為君主，要克服衝動。」言下之意還是按照皇家禮儀來行事，不能因為心軟就出面安撫百姓。

面對前來「曉以大義」的查爾斯王子，女王反問查爾斯：「百姓想要從我這裡得到什麼？」

女王這個問題切中我們對話最後要走向的目標，許多人以為，當事人要的會是外在看見的行為、事物或符合自己心裡想要的回應，但這些顯現於外的有形物質或舉措都不見得是我們真正想要的東西。從冰山隱喻來看，人類共通的目標都在渴望裡，包含愛與被愛、接納與被接納、關注、認同、價值感、安全、尊重、獨立、自由和歸屬感等，這些說穿了都不是有形物質，而是內在的能量擴充，看似無形卻是人類自我負責的動力基礎。

在「王冠」這部劇裡，我很欣賞編劇給予查爾斯王子的回應，他的回答並不是要求女王做任何有形的事物，相反的，他的回答是：「關注、愛、理解、支持、關心與同理。」

這一段話我認為查爾斯王子說到重點，因為這些都是冰山底層的渴望。如何連結人們的渴望才是做為君王的首要任務，雖然方向都已經明顯標示，但在外表行為及語言上做到連結是我們可以斟酌的地方。

其實每個人都可以擁有自己的信仰、價值與每個人對正義的堅持，但不影響連結渴望的方向。一旦目標確立，我們都可以在表達時展現誠意，一方便捍衛自己的價值觀，但同時也能夠展現溫暖與包容。

雖然網飛多半是編劇根據史實的創作，但在戲中與真實事件發生的情況是，女王在黛安娜出殯前一天，罕見的以電視直播形式表達對黛安娜去世的哀悼，她哀悼文裡對黛安娜表示欽佩，也提到了「做為祖母」對兩名孫子失去母親的悲傷感同身受。這一番語言不但平息眾怒，也讓人重新尊重英國皇室，因為這表示皇室不再是冷冰冰只顧著教條與儀式，而是真正讓人民知道，皇室也一樣有血有肉。

德蕾莎修女說過，愛的反面詞並不是恨，而是冷漠。當我們因為堅守的信仰與價值而開始疏離、漠然，無疑的是把人與人之間的關係愈推愈遠，因為我們忘了這些教條與信仰都是為了人們更美好的世界服務，倘若我們都已經喪失與相愛的彼此靠近的能力，這些規條能發揮的力量就顯得更薄弱了。

只不過，很多人誤會同理心的意涵，人們會在腦袋裡預設一個畫面，希望身處困境的人趕快跳脫，殊不知這個預設會成為對話者的我執，反而讓當事人感到不耐，缺乏被接納的感受。

我記得還看過另一部電影「超難搞先生」，主角奧托是個小心謹慎之人，左鄰右舍常常覺得他小題大作，社區大大小小事務如果不按照規矩來做，奧托就會咒罵貪圖方便忽略規定的人白痴、混蛋。

奧托終日不苟言笑，對很多事都看不順眼，連剛搬來的鄰居倒車不順他都能嘟囔幾句。新來的鄰居倒是熱心，時不時送點吃的，讓奧托除了覺得心煩，卻也感覺一絲絲溫暖。

奧托的妻子半年前離世，這對他的打擊甚大，原本也想跟著老伴走入人生終點，但新鄰居的溫暖逐漸打開了奧托的心房。

即將臨盆的新鄰居瑪莉索觀察這個孤單老人何時走出家門、有沒有出來鏟雪、是否需要人幫助，她很能用中南美洲熱情的語言一點一滴滲入奧托心坎。

她是怎麼辦到的？

我曾在課堂上邀請學員探索對方內在，走入事件細節，學員小方問我，怎樣才能像我一樣進入細節？

我反過來詢問小方，他們在做練習時，在什麼地方卡住了？

小方說，當他提問到阿信小時哪門功課不好，阿信說數學和理化常常不及格。

小方又進一步探詢，記得數學考的最不好是幾分嗎？阿信說不記得了。

小方問到這裡就不知道該怎麼往下走。

小方想知道我會怎麼做。

◆重新建構現場，標示感覺

許多人對話時忘記提問者是負責掌鏡的攝影師甚至導演，需要在細節處拉近鏡頭，看看當事人在每個片段裡細微的變化是什麼，就像一般人只知道一年有春夏秋冬四季，但足夠細心與好奇的人能發現春天時枝椏何時冒出開始生長、夏天時蟬鳴此起彼落的聲音差異、秋天哪種樹木最容易枯黃與掉葉子、冬天時第一場雪是黏稠還是乾燥。

能夠這麼近的去看待人的特質，就愈能同理一個人。

小方詢問我之後，我當時就直接邀請阿信來做個示範。

「你從小數學就不好嗎？」我問。

「對。」阿信說。

「還記得幾年級時最差嗎？」

「應該是從小學五年級開始就慢慢跟不上，到了國中就完全不行。」

「國中時候還記得數學考最差的一次是幾分嗎？」

「不記得了。」

小方在旁邊幫腔說：「我剛剛就是問到這裡問不下去。」我點點頭示意知道了，接著轉頭繼續問阿信：「數學當時是考不及格嗎？」

「對，大多數時候都不及格。」

「考五十分？還是三十分？」我追問。

「真的不記得了。」阿信很誠實的說。

「我們可以假設考最差大概三十分左右嗎？如果你考三十分，拿成績單回家，媽媽會說什麼？」我做了一個模擬，讓阿信能夠回到過去有些連結。

「可能也有過三十分左右，但其實媽媽好像也沒說什麼。」阿信歪頭想了想說。

我沒有糾結在這個場景裡。

「你國中哪一科成績最好？」我換了話題。

「文科比較好，好像是國文和地理最好吧！」

「記得國文成績考得好的時候，媽媽會獎勵你嗎？」我說。

「會啊，她就會說我考得不錯，叫我繼續努力。」

「好的，那再回頭想一下，如果你數學考了三十分，成績單送到媽媽面前，她的表情怎樣？」

阿信低頭沉思一下，抬起頭來說：「她的臉色僵硬，沒有任何表情。」

「好的，你在腦海裡再看一眼媽媽的臉部表情，然後感覺一下，心裡有什麼感覺？」我把速度變得更緩慢，讓阿信可以體驗那個當下的感受。

阿信聽完我這個問題，臉部開始有變化，眼眶突然潮濕，然後告訴我，他知道為什麼數學成績不好會讓他心裡有陰影了。我請阿信先回應自己的感受，我順便與課堂的學員做出講解。

小方在旁邊觀看我的提問之後給我回饋：「看到老師的提問，真的很細膩，也有很多出乎意料的角度。我剛剛聽得忍不住想拍手。」

我在課堂裡常常舉例說明，做同理心應對時，重要的是如何形塑對方的黑洞，而不是站在洞口等著拉人上來。只不過，當事人可能對過去的黑洞有所抗拒，或長期選擇性忽視，或也有可能真的遺忘，我們可以透過一些簡單的場景重現，經過對方同意的情況下，一步一步找到黑洞裡的蛛絲馬跡。

重新在大腦中建構一個現場，讓當事人慢慢體驗當中的感覺，然後將感覺一個一個標示出來，有助於他們真正面對曾經受到波折歷程的自己。

對話時千萬不能急就章的抛出大量問題，可能會讓對方感到壓力或不安全，同理心的操作是慢慢帶著當事人環視、回顧他感到壓力、焦慮、難過或其他情緒的刺激點。

在電影裡，奧托與妻子相戀大半輩子，曾經因為車禍失去肚子裡的孩子，相牽相伴的一生是他人生一路走來的風景，如果鄰居瑪莉索沒有更深一層的讓奧托表露這個過往經驗，奧托也很難走出人生黑洞。

大衛・布魯克斯在著作《深刻認識一個人》也提過同理心藝術，書中有個小故事讓我印象深刻。有一位因為大腦受損造成她時常會摔倒的女人描述，每次摔倒時若旁邊正好有人看到，對方都會很快把她扶起來，但是她說：「我認為他們急著把我扶起來，是因為看到一個成年人躺在地上會覺得不安。但我真正需要的是，有人跟我一起趴在地上。」

對話時，要覺察自己是不是那個很快想把別人扶起來的人，那可能是內在感到不安的慣性動作。而同理心，有的時候只是需要一起趴在地上。

找尋資源

你會不會發現日常說話時，我們很常因為一件事的結果來論斷一個人是不是值得被稱頌？某次的新書分享會，台下有位三十幾歲的年輕衝浪女教練在我的演講之後舉手發問。

她說現在遇到一個難題，有個學生天賦很高卻常常半途而廢，她想鼓勵他繼續練習，不要因為幾次挫折就放棄。教練想問我，怎麼樣才能激勵這個學生。

當然，從前面文章脈絡來看，這個問題並不是問題。這個議題的核心應該是，一個有衝浪天賦的學生受挫後頻頻想放棄，對教練的內在造成什麼影響，而教練又跟學生說了什麼話來鼓勵他。又或是，教練的姿態讓學生有什麼反應，而這個反應是不是再度衝擊教練自己？

「你是不是盡心盡力帶領這個有天賦的孩子，希望他出類拔萃呢？」我問教練。

「當然，我一直是個負責的人，自然也會想盡辦法栽培自己的子弟兵。」教練回應說。

「如果這個孩子真的要放棄，你會怎麼做？」我問。

「這就是我想從老師這裡知道的，怎麼做才會讓孩子回心轉意，不要放棄。」教練說。

「如果孩子真的放棄了，你會怎麼看待自己？」我問。

「我會覺得沒有盡到教練本分，是沒有專業資格的人。」教練說。

「我想問你，是不是孩子選擇放棄，他就是沒有盡到本分，是一個不值得被關注或被接納的人？」我挑戰這位教練。

「當然不是，孩子如果真的努力過後覺得不行而要放棄，我還是會尊重他。」

教練說。

「那個孩子仍然值得你關注或尊重嗎？」我問。

教練點點頭說是。

我反過來詢問她：「那麼一個教練如果努力過後沒有達成目的，孩子仍然放棄，這個教練還是值得被關注與被尊敬的人嗎？」

我問完這句話後，教練的眼眶泛淚，她說從來沒有想過這一層。

所謂的成功對我而言也是生命中的一種過程，與任何一個時刻我們經歷過的階段沒有任何不同，既然如此，所謂的「成功」根本不會影響我想要連結人的渴望的動力。我要請教練先對自己確立這一個基礎，只要盡力而為，孩子是否回心轉意都不會影響我們的內在價值，那我們就不會拿這個「結果」來不斷貶抑自己，相對的，我們在應對上就會釋放出蘊含在生命底層的高能量。

畢竟，我們都有無限的資源在支撐前行，這是我們尚未倒下，對困境仍然堅持的主要原因。當我們這麼看待自己，就會這樣看待學生，如此一來，學生至少能先體驗到教練對他的關愛與接納，不會因為結果來脅迫他。

學會在歷程中找到一個人的資源很重要，有時候我們在是非對錯裡糾結，就會忽略歷程中還有很多值得探索的寶藏。我非常喜歡波斯蘇菲派大師魯米（Rumi）在八百年前說過的話：「在是非對錯的想法之外，還有一片原野，我會在那裡與你相遇。」

是與非、對與錯只是我們看待事物的兩個極端，在兩端之間還有更大的光譜蘊含著不同觀點、想法、期待以及更大的可能性，但很無奈的是，我們總是要拘泥在兩個極端裡讓自己困在死角。

一個盡心盡力的教練怎麼還會在心裡不斷譴責自己，或是批判自己呢？因為我們常常把結果當成是唯一標的，如果沒有達到自己期待的結果，好像一切努力都是徒勞。

在對話中要先能拋掉是非對錯的框架，才可能把對方帶進新的可能性，並且看到更多的正向資源。所謂的正向資源包含眾多，例如：堅持、勇敢、不放棄、認真、負責、體貼、守秩序、善良、彈性、變通、隨興、果決等，這一類的形容詞彙非常多，但凡可以讓人覺得擁有力量、感到安全、覺得放鬆的形容詞，大抵都可以當做人的一項資源看待。

◆看見意圖，而非結果

有的時候我們評估資源會在負向裡糾結，例如一個人時常換工作，我們會給他貼上「不夠堅持」的標籤，但如果從生存的角度來看，時常換工作能為他帶來什麼好處，就會發現原來他可能是「懂得變通」或「堅持想走對的職場道路」。

眼光或角度的挪動往往帶來不同效果，對話中提醒當事人多運用不同眼光看自己，也會幫助他看見不同面向，感受到自己具備其他資源時的力量。

我經常舉例，要評估一個人是否勇敢，並不是從結果來判斷，而是從人一開始的意圖來決定。我們每個人都有勇敢的資源，而資源永遠只有正分沒有負分。

應該有人參加過高空彈跳或至少看過相關影片，請在腦海中想像一個參加高空彈跳的年輕人綁好裝備後毫不猶豫縱身一躍，這個人是否具備勇敢的資源呢？

我猜你可能不會否認，站在幾十公尺高的台階上用想像都覺得可怕了，竟然有人可以這麼輕鬆就往下跳，這個人肯定膽子很大，勇敢這個「資源」勢必少不了。

接下來，我請你想像另一個參與高空彈跳的年輕人，綁好裝備後卻在跳台上猶豫了三分鐘，前後來回踱步，幾次想往下衝卻在跳台邊緣止步。結果他最後一次終於鼓起全身力量縱身往下跳，這樣的人你認為他勇敢嗎？

我們會好奇，他既然在跳台上猶豫好幾分鐘，最後怎麼會決定還是往下跳呢？即便可能站在跳台上腿軟，但仍然做了原先設定好的彈跳計畫，這樣的人當然需要具備很大的勇氣才能最終做出彈跳的決定，他仍然是勇敢的，相信很多人不會反對這個說法。

最後，我們再來想像另一個年輕人，綁好裝備站在台上遲遲沒有跳下去，雖然不斷大吼給自己加油打氣，也在跳台上來來回回想要衝刺，但嘗試幾次後仍然在跳台邊緣止步。他好幾次都在一念之間沒有往下跳，十幾分鐘後，最終選擇放棄，這樣的人你認為他具備勇敢的資源嗎？

我想邀請各位思考一下，一個內在充滿害怕、恐懼、擔憂之人可能一開始就有懼高的症狀，怎麼會選擇來挑戰自我呢？又，如果他站在高空都會感到懼怕，怎麼會在台上來回嘗試十幾分鐘，這十幾分鐘他的內心在想什麼，他是怎麼熬過來的？一個想要突破自我，透過高空彈跳來增強自信之人，怎麼有辦法在這十幾分鐘內仍然有幾次想要往下跳的念頭呢？這樣的人，難道不算勇敢嗎？

所以，不是真正往下跳的人才是勇敢，沒有跳下去也可能是勇敢的，只是我們怎麼看待一個人的內在歷程。而這個勇敢，在一開始有了向下跳的意圖那一刻就發生了。

可以看到，一個人雖然沒有達成目標，但他曾經「想要」過，那就值得被欣賞，畢竟他為自己做出一個選擇。

同理，一個沒有考出好成績的孩子，雖然沒有達成一百分的目標，但他只要「想」，在那一刻他就是個勇於嘗試的人，同樣值得被欣賞。

對大多數人而言，對話的困難在於如果孩子連這個「意圖」都沒有怎麼辦？

這時候請記得，觀點是可以挪動的。一個「不願意」考一百分的孩子是發生了什麼事而產生「不願意」，而「不願意」的另外一頭，我們需要看見他是否「願意」選擇放棄，這同樣也是另一個勇敢資源的開端。

很多人會把外界眼光當成是自己難以拔除的標籤，以為我們就是別人說的那樣「失敗」，所以無法把自己習慣的甚至享受的特性轉變成一種正向。

我想用接下來的例子示範如何轉化當事人認為「獨處」是不好的思維，我的目標是希望當事人可以看見這個所謂的「不好」是否也可以成為「好」的資源。

學員沛齊曾在課堂問我，他沒那麼喜歡社交活動，很多時候反而喜歡自己一個人。沒事看看電影、聽聽音樂、讀一讀書，他很享受其中。只是心裡常常有個聲音告訴他不能這樣，要與人多一點連結才是正常人，不要躲起來，長此以往會變得很孤僻，沒人緣。

我問沛齊，你所謂的孤僻、沒人緣的想法怎麼來的，曾經有人這樣告誡你過嗎？

沛齊回應說，可能是從小到大媽媽不斷這樣教育他，所以他也覺得自己好像是邊緣人，很不應該。

「還記得媽媽什麼時候跟你這樣說過嗎？」我問。

「她說過很多次吧！印象比較深刻是我高中的時候，暑假都關在家裡不出門，她就會不斷唸，說我怎麼這麼宅，不跟同學、朋友出去，這樣人緣差，出社會也容易被排擠。」

「媽媽這樣唸你，你喜歡嗎？」

「非常不喜歡。」沛齊說。

在這裡我不由得嘆了一口氣，其實我們明明不喜歡父母對我們教誨的樣子，卻在潛意識裡不斷植入父母的影子，代替他們批判自己，至死方休。

「你會聽媽媽的話，強迫自己去交朋友嗎？」我問。

「好像也不會，我反而開始抽菸、喝酒放鬆，甚至沉迷網路遊戲很長一段時間逃避現實。」

「運用上癮來迴避社交行為嗎？」我問。

「對，有一段時間很嚴重，我幾乎不出門。」沛齊說。

沛齊說到這裡神情有些落寞，眼睛看著我，彷彿希望從我口中得到一種解決方法，讓他可以不要對自己有著期待，但又在達不到的時候不斷批判自己。

「你來上課，希望得到什麼呢？」我問。

「老師，我希望可以不要陷入這個輪迴裡，也不要再沉迷菸酒或網路世界，讓自己變得很消沉。」

「沛齊，你也不想要這樣，不是嗎？」

「對，但我跳不出來。」

我邀請他先做一個深呼吸，將對話暫停在這裡，至少暫時離開批判的輪迴。

「沛齊，你說與人多一點連結才正常，對嗎？我想問你，你喜歡跟別人一樣正常的與其他人互動，還是你想要跟別人不一樣？」我問。

我把問題摘要式的重新問一次：「沛齊，你想要跟別人一樣，還是你想要跟別人不一樣？」

沛齊思考了一會兒，說：「我想要跟別人不一樣！」

「那你不就是長耳兔了嗎？」我回饋。

沛齊瞪大眼睛看著我，不明就裡。

「你知道我經營的『長耳兔心靈維度』這個名字怎麼來的嗎？」我說。

「不知道。」沛齊搖了搖頭說。

「這是源自於李崇建老師的一本著作：《給長耳兔的36封信》。簡單來說，長耳兔與別人最大的不同就是牠有著長長的耳朵，因為有了這雙又大又長的耳朵，所以時常被別人嘲笑。

「在我們還沒發現自己的優勢與資源之前，總以為跟別人不一樣是一種罪過，是不可忍受的事情。但就像長耳兔一樣，牠的長耳朵其實可以發揮跟別人不同的特質，可以豎起耳朵多一些傾聽，也可以在耳朵上掛更多耳環幫助店家做展示，這是一般人做不到的事情。所以長耳兔後來發現，你們嘲笑我跟你們不一樣，我還覺得為什麼你們都一樣呢！

「不一樣不是問題，相反的，跟別人一樣才是無法凸顯特色的平庸。」我最後做了一點結論。

「沛齊，你要成為不一樣的長耳兔嗎？」我問。

「我要。」沛齊聽完我的解釋之後點點頭說。

「如果你要，你還要批判那個喜歡自己獨處的特質嗎？」

「我要學著不批判自己。」沛齊紅了眼眶告訴我。

「既然如此，我也想告訴你，沛齊，先別急著告訴自己上癮會帶來哪些傷害，你知道自己在自我批判時，是想要透過這些行為達成什麼目的嗎？」

「應該是想要逃避吧！」沛齊有些不確定。

「逃避什麼？」

「逃避一個失敗又不斷指責的自己。」

「如果是這樣的話，那麼你是不是也在為了讓自己更好過一點，在做求生存的動作呢？」

沛齊說從來沒有從這個角度想過，他聽到這裡似乎放鬆了一些，淚滴緩緩從眼角滑落。

「你正在求生存，你知道嗎？」我強調。

一個受到媽媽語言影響的孩子，從小就學著要與這個社會多一點連結才是「正常」，但當他達不到媽媽與自己期待的時候，他釋放了一個求救訊號：我需要透過對某些事物上癮才能擺脫這個自我批判。

一個正在求救的人，我們怎麼還需要一直落井下石呢？這個人並非外人、也不再是媽媽，是自己心裡假想的判官。

「沛齊，先放過自己，好嗎？既然都知道自己想要改變，就代表你仍然有往前的動力，這樣的一個人，難道不值得你多一些接納與關愛嗎？學著對自己停止批判，學著看見一個還沒放棄的自己。」我最後給了沛齊這點回饋。

沛齊點點頭，閉上眼睛，隨著眼角滲出淚水，我猜想他正在經歷一段自己與自己相處的旅程。

關於獨處這件事，其實也是一種特殊的力量：代表一個人也可以穩定，一個人也可以強大。

我想到魯迅的名言：

獨處，是為了不陪他人演戲，
人一旦悟透了，就會變得沉默。
不是沒有與人相處的能力，

而是沒有了逢場作戲的興趣。

回過頭來看待「獨處」與「逃避」這些標籤，如果對話者懂得幫助當事人挪動角度，從一個更宏觀的視角來看待這樣一個人為何會有這些動作，並接納自己是具備這樣特質的人，他不就也會擁有「與眾不同」的資源嗎？另一方面，沛齊不也是仍然在想辦法讓自己做些轉變，可以變得更外向、更有社交能力一些嗎？這樣的人，怎麼會需要被批判呢？

當視野打開看見一個更豐富的人，原來的問題早就不會是問題了，剩下的就是我們是否想要繼續朝著目標前行、有哪些方法可以幫助我們繼續前進。

運用反差、擴大感受的能力

如果你從本書一開始就細讀，會發現我在對話的案例中常常運用反差的技巧來讓當事人有更多覺察與體驗。

很多人會把周遭人事物當做理所當然，所以對自己做的每件事都不覺得有什麼了不起，這時候提問者如果可以從細節去探索，放大每個轉折，強化當事人做的每個決定或每個動作都與之前不同、與別人不同時，他們的感受會增強，體驗感會擴大。這個做法是讓人從無意識的狀態打開一扇新世界的窗口，讓他們看到原來自己做的每件事都有意義，都值得好好被關注。

前文彥堂的例子我就多處用到「反差」技巧，當時我在對話裡設定兩個場景，一個是內在強大，面對爸爸也不會因此卻步，並且能夠成為真實的自己，對比另一個場景是維持現在與爸爸的關係，遇到爸爸時仍然受到他的情緒變化影響自己。這兩個想像的畫面會給彥堂帶來幾個暗示，就是「人是可以改變的」、「我可以決定自己的生命」、「我會尊重每個人的課題」。

當然很快的彥堂選擇了這兩個高對比圖像中具有主導權的那一個。

另外前文沛齊的例子也可以觀察到，當我提到：「你想要跟別人一樣，還是你想要跟別人不一樣？」這個問句也帶著高度暗示與反差。通常生命的獨特性就在於每個人都不一樣，否則我們就不會有存在這個世界的意義，所以當我設計的這個問句給到沛齊時，他自然而然就會開始感受到兩者差異，依照人的本性來說，他當然會選擇跟別人不一樣。

你可能會問，如果沛齊選擇的是「我想要跟別人一樣」呢？要記得，問題本身不是問題，我們要做的也就是在細節中多一點好奇與回饋。如果沛齊真的這麼回應，那麼通常我就會在這裡帶他去看看他想像的場景，既然想要跟別人一樣，他怎麼又會有掙扎、又會靠上癮來逃避呢？他喜歡這個狀態嗎？如果不喜歡，他想要做出改變嗎？

幾年前我受邀到一所學校為志工媽媽進行八週課程。

某日窗外斜風細雨，打落一地枯枝敗葉，走在校園廊道裡，見到多數成年人因這波水氣跟隨冷鋒襲來，穿起蓬鬆的羽絨服保暖，但許多年輕學子還穿著輕薄運動服穿梭校園中。

課堂結束後，媽媽冬梅喚我止步，想跟我聊一會兒。

「你想跟我說話，是嗎？」我問。

「對，老師我想請問，我即將參加咖啡品質鑑定，心裡一直很緊張該怎麼辦？」冬梅問。

看著她雙眉緊皺，眼裡透露著求勝的欲望，我不知道眼前這個中年媽媽心裡發生什麼事，怎麼會突如其來想問我這個問題。

我沒有參加過咖啡比賽，對我而言她無法從我這裡得到任何方法，她真正想從我這裡得到什麼呢？

「咖啡品質鑑定呀？是要評判哪些內容呢？」我想先了解冬梅即將進入的是什麼樣的焦慮領域。

「很多耶，包含咖啡豆比對測試、酸度辨認、味覺測試和杯測等都有。」她如數家珍的說了一堆項目，但我雖然每天喝咖啡，對她談到的鑑定內容卻一概不知。

「聽起來內容很多，你從什麼時候開始準備的？」我問。

「很久了，這一整年我投入了很多時間在學習與咖啡相關的課程，包含烘焙、品質鑑定和沖泡等。我的目標是能夠通過鑑定，將來從事相關工作。」冬梅看起來很篤定的說。

「原來如此。」我點點頭。

既然準備這麼充分，照理說不是應該胸有成竹嗎？冬梅的緊張跟什麼有關呢？我心裡想著。

「沒有鑑定通過會怎樣？」我試圖反向操作，挑戰冬梅失敗後的場景，看看會對她帶來什麼衝擊。

這是第一個反差的問法，把「通過鑑定」與「不通過鑑定」做出對比，讓冬梅先感覺到在不通過的情境下，她的慣性壓力反應是什麼。

「不行呀，我花了這麼多錢和時間上課，怎麼可以不通過？」冬梅一聽到這個問題，急忙為自己賦予更多壓力。

「鑑定沒通過會打擊你的信心嗎？還是會降低你的自我價值？」我問。

「都會啊，如果鑑定沒有通過，更證明我這個人一無是處，沒有什麼事能夠做好的。」

「誰說過你一無是處嗎？」我聽到冬梅這樣說自己，感覺到有點詫異。「一無是處」這四個字對我來說也是個關鍵字眼，怎麼會長時間準備咖啡鑑定的人是一無是處呢？她既然都已經全力投入一個喜歡的領域，不該是一種享受嗎？如果沒有通過，怎麼會最終給自己帶來的卻是一無是處的標籤？

「我不是很會念書，小時候爸媽都認為我沒有用，盡早嫁人就好。後來我很早就結婚了，也生了一個孩子。孩子長大後，我沒必要一直待在家裡，所以先生也常覺得我在家不事生產，整天只會到處上課。……我好不容易找到一個喜歡的東西，想要在這個年紀多學一些，證明自己是可以達到一些目標的。」

我和冬梅站在走廊上講話，眼見她愈講愈激動，我也突然感覺外頭的溫度漸漸侵蝕了內在能量，不由得打了一個寒顫。

「冬梅，先生支持你學咖啡嗎？」我想從身旁的人來探詢她身邊是否有支持的力量。

「怎麼可能？他基本上已經不想理我了。這幾年我沒有辦法跟他好好溝通，只能自己找課程來上，轉移生活重心。他根本不認為我上課有什麼用，所以我才需要透過鑑定來證明自己有能力做到一些東西。」

「鑑定通過了，他就會認可你嗎？」我好奇。

這是另一個「反差」的問法，我想讓冬梅在這裡看見通過與否給她帶來的差異。

冬梅聽到了這個問題後，頓了一下，緩緩回應道：「應該也不會。」

「那你怎麼還如此在意是否可以通過鑑定，你說不管怎麼做，先生還是不會認可你，不是嗎？」

「可是，至少我向自己證明了呀！」冬梅看來找到為自己解套的理由。

「證明你不是一無是處，是嗎？」

「對呀！」

我轉頭看了看眼前這個對自己充滿懷疑的冬梅。

有時候在同一個話題上打轉無法讓當事人更好的去看見自己，所以我也經常使用譬喻的方式，把當事人拉出原本的圖像，去看看另外一個類似的畫面給她帶來的衝擊或頓悟。

「你說孩子多大了？」我換了一個話題。

「大學畢業在工作了。」冬梅說。

「他是你撫養長大的嗎？」

「當然呀！」

「你先生過去負責賺錢，你在家需要處理家務嗎？」

「當然需要呀！」

「那怎麼會一無是處呢？」我張大眼睛看著冬梅，不可置信的對她提問。

「可是……那又不算什麼。」冬梅眼珠子溜呀溜的轉了幾圈說道。

一個媽媽維繫家庭又要帶大孩子，很多時候她們戴上媽媽這個角色帽後，就會把自己的所做所為視為理所當然，看不見自己的價值。

這裡的談話反差是希望冬梅從不一樣的角度去看待像她這樣一位媽媽、一位太太，而非從原本的角度不斷批判。

「對我而言，那很了不起，至少我媽媽就沒機會這樣把我帶大。」我深吸了一口氣，緩緩說道。

「重點是，你生命的主人是誰？」我繼續問。

「是我吧？」冬梅說。

「那是誰說了算？你是怎麼看待冬梅的投入，一個花了一輩子照顧家庭、先生與小孩的冬梅；一個為了咖啡鑑定投入一整年時間學習的冬梅，你怎麼看待這個人的價值？」

我請冬梅做了幾次深呼吸，讓她貼著感受對自己說說話，我試圖從另一個角度讓冬梅來看看這樣的自己，體驗自我的價值感。

「即便她考試成績不好，她還是個有價值、值得被愛的人嗎？」我追問。

冬梅眼睛閉上之後，眼淚從臉頰旁緩緩落下，她嘴唇輕抿，點點頭回應著我。

我知道冬梅正在從頭腦進入體驗的狀態，所以我讓她能夠進入欣賞自己的畫面裡，再透過前作《冰山對話》闡述的SAGE步驟（看見〔See It〕、承認〔Acknowledge It〕、允許〔Grant It〕、接納〔Embrace It〕）引導她靠近身體各種感受。她說，原本胸口像被一顆大石頭壓著，突然之間似乎這個石頭的重量變輕了。

學習了這麼多年，我見過不少人停留在頭腦認知裡，雖然知道每個人的存在都是有價值的證明，卻沒辦法進入體驗的區塊，也難怪執念從來沒有間斷，一直干擾內在健康發展。

禪宗六祖惠能聞應無所住而生其心，而得頓悟。學佛的人，心要清淨，清淨心裡面沒有分別、沒有執著，更何況一般人在塵世間修行、修道，能夠開悟之人寥寥無幾。

其實念頭無所不在，但凡能夠多一分覺、多一毫察，生命就會展現出不同的風貌，在內在種下一顆心性的苗草，將來就能在四季綻放不同的花朵。冬雨之後，我們也可以期待春天的山櫻即將冒出新的枝椏。

在語言中呈現圖像式的反差是一種強大技巧，從原本平面的文字轉變成可視、可感的畫面，加深當事人進入自己的大腦圖像裡體驗，這宛如是一種下盲棋般的畫面建構法，也像是空中虛擬雕塑，深入細節，擴大每個動作帶來的意義，適時從不同視角帶入反差式的提問方式，往往會有出其不意的效果。

3

OMIYA 對話路徑

在對話中來回確認五個要點，
了解生命的掌控權操之在己，
幫助自己尋找新方向，繼續往前行。

知名作家賽門．西奈克（Simon Sinek）在ＴＥＤ演講時，介紹他發現的黃金圈理論，他說：「為什麼蘋果電腦這麼有創意？年復一年，他們比其他競爭對手還要有創意？就像其他電腦公司一樣，他們有同樣才華的人、同樣的廣告商、同樣的顧問、同樣的媒體，但為什麼他們似乎有點與眾不同？」

西奈克借用蘋果電腦、馬丁．路德．金恩與萊特兄弟為例，說明他發現這些偉大的領袖或組織思考的方向與常人不同。

「有一個模式印證了所有偉大、具啟發性的領袖及世界上出色的組織，都以同樣的方式思考、行動與溝通，這個做法也完全與其他人相反。我做的事就是解讀它，我稱之為黃金圈。

「多數人都知道自己在做什麼（What），有些知道如何做事（How），但很少人知道為什麼自己正在做這樣的事（Why）。這裡談到為什麼（Why）是問你的出發點是什麼？目的是什麼？信念是什麼？為什麼你需要存在？為什麼你被激勵需要準時起床？為什麼其他人必須在乎我們？以往所有溝通都是由外到內，從清晰到模糊。但激勵人的領導者和組織都以由內向外的方式去思考、去行動、去溝通。」

西奈克的黃金圈理論從最外圍的結果，到中間層的方法，再到最核心的目的論，我認為和我想表達的對話脈絡很雷同。

西奈克的黃金圈理論

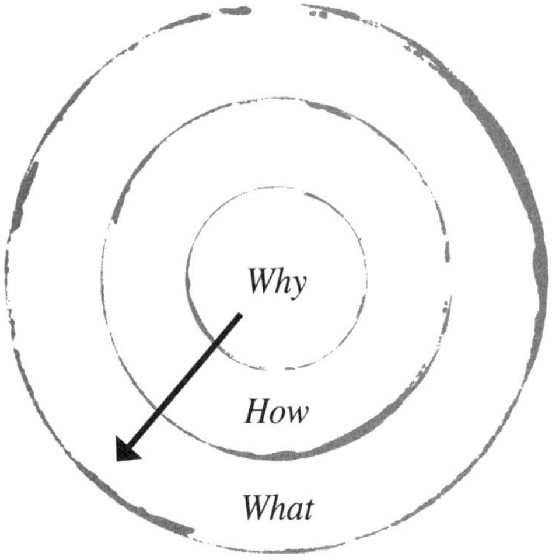

一般人最容易固著的點大概都會在最後的結果（What），例如要達到多少的KPI、利潤應該獲得多少、孩子要考上什麼學校、伴侶應該多為我著想、我應該賺多少錢等，為了達到這樣的結果我們一直努力找方法（How）去實踐這個預期，但殊不知，真正的核心在於最內層的目的（Why）。

在對話裡，我通常會依循幾個脈絡，從最外部的設定目標、討論方法、強化意圖、連結渴望，再到最基礎的自我覺察，每個環節都會是對話裡著墨的重點，但愈往內在核心的意圖、渴望、覺察是一般人往往會忽略的重點。這五個脈絡我分別給予一個英文解釋，並用首字母組成OMIYA的對話路徑，加深讀者的印象。

1 **設定目標**（Objective）：確立談話的方向，找到對話真正想達到的目的。
2 **討論方法**（Method）：建構可行性的圖像，讓當事人看見新做法。
3 **強化意圖**（Intent）：找到抗拒的因素，擴大自己的動機與增強力量。
4 **連結渴望**（Yearning）：探索冰山，靠近真實的自我。
5 **自我覺察**（Awareness）：在每個當下覺知與觀察。

OMIYA 對話路徑

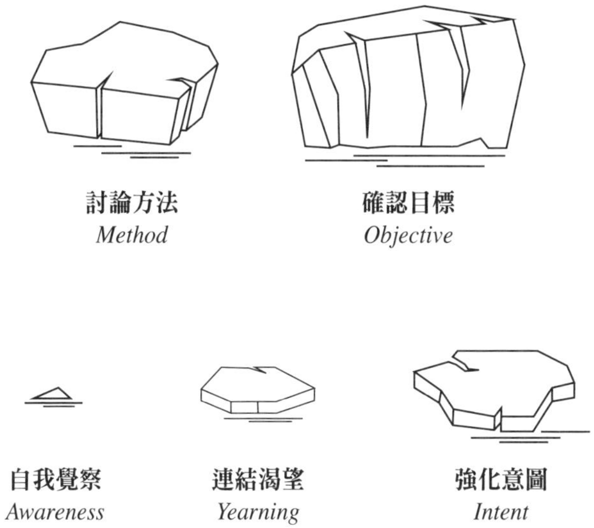
討論方法
Method
確認目標
Objective
自我覺察
Awareness
連結渴望
Yearning
強化意圖
Intent

設定目標

好的對話一定會有一個清晰的目標，那是在大海航行時的羅盤，指引當事人前行的方向。沒有這個目標，當事人很可能會在原地打轉，無法走出原本的桎梏。

然而，這個目標可能不會是當事人原本預期的結果。本書一開始就呼應薩提爾女士提到的名言：問題本身不是問題，如何回應問題才是問題。也就是說，如果我們對話時還是企圖解決當事人想要達成的外在目標，有很大的機率這個對話會走入死胡同，無法產生出新的覺知與不一樣的結果。

在薩提爾模式工作坊裡，學員經常會聽到講師詢問一句話：「你想要得到什麼？」很多人的直接反應都是針對「結果」回覆，例如我想要孩子聽話、公司給我加薪、先生不要對我說話那麼難聽等，但有經驗的講師通常不會在這裡打住，會繼續問，當你得到想要的之後，真正想得到的是什麼呢？

這個問題最後的核心和西奈克提到的 Why 很雷同，就是到底內心底層真正要得到什麼才會覺得心滿意足，才會認為這是人生目的？

◆不是錢的問題

我聽過一個案例，某個家庭的爸爸過世之後，長子與次子處理父親後事期間起了紛爭。

大哥告訴弟弟，雖然他是大哥，但也不會因為這樣就獨占爸爸遺產，爸爸的遺產一人一半以示公平。

沒想到弟弟聽到後爆炸了，他說這怎麼叫公平？弟弟埋怨哥哥很少回家探望父親，平時都是他在照顧，哥哥每次都過年過節才回來，而且把自己當成客人，現在父親不幸過世了，怎麼還敢大言不慚說要公平、財產一人一半？

哥哥聽完也很不高興，他在外地工作當然沒辦法時時刻刻照顧爸爸，弟弟怎麼會這麼愛計較？他平時也會買東西回家，又不是完全不管爸爸生死，弟弟這麼說太不厚道。他身為長子本應該獲得比較多遺產，他都願意一人一半了，不然怎麼做才算公平？

弟弟生氣的回應：「不是錢的問題。」

不知道大家有沒有發現，即便很多時候不是像分遺產這樣的事，很多外人看起來用錢就可以搞定的事，我們也會覺得「不是錢的問題」。

我也聽過學員埋怨，她費盡心力照顧媽媽，平時弟弟妹妹不聞不問就算了，連媽媽都為其他的弟弟妹妹說話。媽媽某次做手術需要費用，學員說她實在很想置之不理，看看其他手足會怎樣，結果媽媽知道後還罵她是不是心疼要出錢。

媽媽說：「你賺的比較多還這麼愛計較，幹嘛跟弟弟妹妹一般見識，你是姊姊應該要多承擔一點啊！」

學員很痛苦的告訴我，根本不是計較錢的問題。

我問學員，你痛苦的點是什麼，如果不是錢，你在意的是什麼？學員說，她在意的是弟弟妹妹為何不像她一樣為家裡付出，為何她的付出別人都視為理所當然，更重要的是，媽媽怎麼會看不懂她真正要的是什麼？

「你真正要的是什麼？」我問。

從第三者的角度來看我們大概都能很清楚的分辨，當事人最需要的是受到尊重、認可或被同理，可是當我們是身處其中的當事人，有多少人可以看得見「錢」

只是冰山上的一角，潛藏在水平面以下的是人的憤怒、委屈與無奈，還包含我們對這個世界的認定及對人的期待呢。

當我們能好好疏理自己的冰山之後，才有辦法靠近他人的內在冰山。

學員嘆了一口氣說：「我希望媽媽至少能夠對我說聲『你辛苦了』。」那是一種來自於媽媽的認同，迴盪在我們渴望層次裡的自我價值感提升。

「你曾經對媽媽表達過嗎？」我問。

「沒有，做媽媽的怎麼會連這個都不知道？」學員抱怨。

看起來，我們需要在對話上很清楚的分辨兩件事，第一，我是不是能夠如實的、不帶批判的表達自己的需求；第二，我們是不是能夠把別人的功課還給別人，並做好自己的功課。

我在對話上會設定的目標即是：學員能不能好好回應自己並為自己發聲，這是做好自己的功課。至於媽媽會如何反應、她有什麼不一樣的想法，那是她的功課。接納自己在每個刺激的當下興起的各種衝擊，同時也能夠允許他人真實回應他們的功課。

當然，學員這類的事件每天都會發生。

當你自認為在天秤的這一頭已經盡力付出，而那一頭的利害關係人卻不領情，或甚至覺得你做的事情是理所當然，你或許也會有這個念頭「不是錢的問題」。

當念頭興起時，你知道真正的問題是什麼嗎？在冰山理論的渴望層次裡你會找到答案。連結了渴望之後的人，接下來如何在他人面前展現自己，就是我們的目標。

也因此，通常我們在對話裡設定的目標會有兩個方向，一個是連結一個人的渴望（之後的對話脈絡會描述），另一個是我能不能為自己負責，在能力所及與能量飽滿時做出一致性的應對，這也是呼應薩提爾女士所提到的：如何回應問題才是問題。

討論方法

我經常在課堂上告訴學員，假設我們保持只想解決問題的心態，面對問題時思考著提出解決方案，卻忽略一個人真正面臨到的內在課題是什麼，那麼我們幾乎無法順利將這些解決方案執行到底。

舉個例子，如果一個青春期的孩子沉溺網路，課業大幅落後，要怎麼解決這個問題？

最簡單的方法是沒收手機、截斷網路、拔掉電腦插頭。但你認為這樣能解決孩子沉溺網路的問題嗎？如果不能，是不是該思考從人的角度探索，孩子到底發生了什麼事，居然會忍受課業下滑、師長的壓力，仍舊花大把時間在網路上呢？

別搞錯我想表達的，並非方法不重要，而是對話的關鍵不是直接給予建議或答案，是透過討論讓對方能感受到我們的關注與尊重，進而做出對自己負責的決定。

通常在授課場域，學員對於彼此較為敞開，也能夠在對話練習時知道這是個安全的地方，就算談話的方向不如預期，也不會像平常一樣遭到言語攻擊，所以我會利用這樣的環境來演練，我們可以有哪些方式來運作「好的回應」，這便是討論做法的好時機。

◆選擇一致性表達

每年二月中下旬，我家附近的櫻花株株盛開，許多人來到櫻花樹下打卡拍照。我發現台灣人文化底蘊愈來愈飽滿，連在樹下拍照都會互相禮讓，耐心排隊等別人照完再換自己入鏡，享受美好的櫻花時刻。

我也曾到日本賞櫻，觀光客雖然眾多，但多數人也都很有禮貌，盡量避免入鏡他人的「繁花」畫面中。

面對陌生環境，大家似乎都還能互相禮讓，尊重彼此，但在企業內部仍然存在許多溝通上的障礙。

我收到許多企業邀約，多半是希望我去幫員工培訓新的溝通方式，讓部門或與客戶之間不至於存在溝通鴻溝。

我曾在某家中型企業講解完基礎脈絡之後，請公司員工提問，看看他們是否有實際案例能夠現場拆解，由我示範如何運用一致性的表達化解衝突。

專案經理小涵舉手發言，她要負責協調交付工程師工作，並在客戶指定時間內完成專案，平常也需要與業務單位密切合作，把客戶的需求化成實際可行的計畫表，再交由工程師按照時程完成項目。

幾週前她從業務那裡拿到一個緊急需求，請她整理現有資源，做好專案計畫之後提交給業務匯報客戶。

小涵當時請交付部門填寫一個資源整理表，結果對方逾時沒交，她很生氣的罵對方不合作，怎麼可以答應要交表單結果沒交，那個當下交付部門的負責人也不甘示弱，認為她小題大作。

由於我們彼此都有共識小涵想要如實的表達自己，並且能夠在面對交付部門時不卑不亢，做到一致性的應對，所以接下來就是討論該如何達到這個目標的時候。

我請小涵在現場模擬這段衝突，我來扮演交付部門負責人，嘗試運用一致性的表達來談話，看看是否會讓小涵在應對上覺得比較舒服。

小涵點點頭，回顧當時的對話場景。我嘗試先用超理智的姿態來與她應對。

小涵面露凶色的說：「崇義，我不是早上九點就跟你說今天下午三點前一定要交這個資源整理表嗎？現在都三點十五分了，你怎麼還沒交？」

「我有答應今天給你嗎？」我說。

「你也沒說不行啊，而且業務一直催我，你到現在沒給我，你是要我今天加班嗎？你不知道我也有很多事要忙嗎？」小涵說。

「你有事要忙，我也有啊！大家又不是閒閒沒事幹，等著幫你填資料。更何況我又沒答應今天下午一定會給你，有什麼好大聲的。有本事你也可以寫，不用一直找我。」我沒好氣的模擬同事「說道理」與「解釋」的超理智姿態，甚至還帶著一點「指責」。

我不等小涵繼續回應，先中斷這個模擬狀況。

「我這樣回你，你感覺如何？」我好奇。

「超煩的啊，而且覺得這樣的同事很欠揍。」小涵笑笑的說。

我請小涵再重複一次剛剛的模擬場景，我試著運用一致性的應對來回應，看看小涵是不是會有不一樣的感受。

小涵重複了剛剛的話語：「崇義，我不是早上九點就跟你說今天下午三點前一定要交這個資源整理表嗎？現在都三點十五分了，你怎麼還沒交？」

「小涵，你今天早上有跟我說下午三點就要這個表單是嗎？哎呀，我好像忘記了，怎麼辦？」我說。

「怎麼會忘記，我不是跟你說三點就要嗎？業務一直催我今天一定要把提案報告交出來，你是不知道我有很多事要忙嗎？」小涵作勢提高聲量，顯示她沒拿到表單的不滿。

我靜靜看著小涵說完話，眼神專注的凝視她，表示我很認真在聽她抱怨。

「小涵。」我輕輕呼喊她的名字，試圖把話語權拉回到我身上。

「嗯？」

「我真的忘記這件事了，今天忙了一天，要不是你現在告訴我，我真的不記得要給你，我知道你現在一定很不高興，對吧？」

「廢話，明明一大早就跟你說了，你又沒跟我說今天交不出來，現在業務又很急，我這樣怎麼跟業務交代？」小涵雖然聲音裡夾帶著不高興的情緒，但比起一開始顯然音調下降許多。

「我知道你現在應該很急，剛才你來說下午三點就要報表時，我也嚇了一跳，你剛剛的表情看起來就是很著急的樣子，我看了有些害怕，以為是不是出什麼紕漏。現在怎麼辦？如果我馬上趕給你，再給我二小時可以嗎？你介意我拖了一點時間嗎？還是我先陪你去向業務解釋這不是你的問題，是我們溝通出了一些狀況？」我用輕柔聲調回應。

我才說完這一段話，小涵突然眼眶泛淚。

在此時我先請小涵跳離剛剛的情境，請她告訴現場的學員中間的轉折是什麼？

「我突然覺得有一股暖流升上來，雖然你不卑不亢，也沒有跟我道歉，但你說可以幫我去跟業務解釋，代表我不是一人孤軍奮戰，有你幫我一起完成任務。雖然我知道面對業務是我的責任，但我感覺到團隊的溫暖。」小涵邊噙著眼淚邊說道。

「看起來平常你夾在業務跟交付部門之間，滿委屈的，是不是壓力很大？」我打趣的對著小涵說。

小涵聽到這段話後點點頭，眼淚不斷流下。

「這樣的做法，會是你想要的嗎？」我問。

「是。」小涵毫不猶豫的說道。

趁著這個機會，我對現場學員解釋剛剛對話裡面呈現的一致性表達，蘊含「在乎情境、表達自我、關照他人」簡稱「在、表、關」三個要素，只要能夠平穩的一致性應對，就可能化解不必要的衝突。當然，這個前提必須是「平穩」，平常若是無法時常覺知與回應自己，想要在衝突的當下運用一致性表達自然沒有那麼容易。

我們可以看到，有了目標之後並非不能講求方法，但討論方法的前提一定是先與對方有連結，自我的內外保持一致性，很好的覺知自己之後，再來選擇最好的方法。對話者最好不要擅自給對方提供建議或解決方案，比較好的做法是透過討論或模擬後，讓對方為自己做出選擇，這也是一種使對方保有自主性的做法。

過往在企業裡培訓大多講求硬技術，很多公司希望直接告訴他們衝突發生時能夠有個標準答案，像是打地鼠機器，見一個地鼠出頭就打一下，但其實好的對話更多著重在內在基礎，只要能夠養成時刻回應自己的新慣性，再來學習外在應對技巧便能事半功倍。

所幸最近一、兩年有愈來愈多企業意識到這一點，不再執著於外在應對技巧的訓練，開始重視員工的內在素質，這個改變對於一個要長期培養員工內在底蘊的公司來說尤其重要。

當然，在能夠討論一套可以執行的方法之前，我們還需要看到對方是不是動力薄弱，缺乏前進動機，接下來，我想和大家一起看看如何強化當事人的意圖。

強化意圖

大衛・尚塔爾（David Schonthal）與洛蘭・諾格倫（Loran Nordgren）兩位管理學教授合著了《心理摩擦力》這本書，他們研究發現，以前人們總認為只要用強大誘因吸引一個人就可以達成目標，例如漢堡餐廳運用促銷手法給所有顧客半價折扣，但為什麼我們往往還是沒辦法如預期完成使命。

不少企業推行新規定時，明明新規定可以減少很多人工成本或增加效率，但推行起來卻阻力重重。我記得以前公司剛轉換內部CRM系統，要求所有業務匯報都要透過新系統執行，但業務總是推說系統難用，還不如以前填寫報表好用。

兩位作者在書裡強調，我們過去專注在吸引力上，卻忽略了「心理摩擦力」。

他們認為阻礙改變的四大心理摩擦力包括：

1 慣性：人們想緊守已知事物，即便知道會因此受限也在所不惜。

2 惰性：人們希望改變的力氣愈少愈好，包含真正付出力氣與想像中會花的力氣。

3 情感阻力：推動改變時，無意間引發的不舒服感受。

4 反彈：人面對改變時內在的天然抗拒。

因為這些抗拒，人們會把原本想達到的目標視做遙不可及，慢慢的也覺得自己無能為力，因為外在的影響被處處掣肘，也導致自己的動機愈來愈薄弱。

很多人對話時會用慣有的打氣方式來鼓舞對方：「加油啊」、「你一定可以的」、「你沒問題的」、「不用害怕」，這些語言對當事人而言無疑是忽略對方感受的話語。試想，如果你因為某些因素焦慮與恐懼，在感受無法被接納以前，這些話語對你的幫助能有多少呢？

我們需要做的是看到當事人所處的困境，然後進一步在對話脈絡中點出困住他的關鍵摩擦力，這些摩擦力大多會化成各種不同的感受來阻礙人們的動力。對話者需要一步步讓當事人體驗到這些感受帶來的一次次衝擊，然後帶領他們接納自己的感受，接下來才是凸顯想要改變的意圖，循序漸進走到設定的目標。

媽媽小雅長期住在國外，從她與我的談話，我可以看見她和女兒的溝通出現問題，她甚至失去與女兒好好談話的動力。在她的案例中，我花了很多時間聆聽她的故事，試圖找到她失去動力的原因。

◆非走不可的彎路

小雅帶著一雙兒女移民美國好多年，當年她與先生下定決心要移民時，正值年輕力盛，為了孩子的教育，兩人花費生平積蓄就是要將孩子送出國。

剛到洛杉磯時，小雅肩負家中大大小小生活起居各種事物，孩子一個中學一年級、一個才小學。小雅為了接送孩子上學，特地考了駕照，即便每次上路都膽戰心驚，還是咬牙和著苦水一起吞。移民前幾年，因為經濟問題，丈夫仍然待在台灣工作，沒辦法陪著一起去美國，小雅想當然耳就要擔起一家之主的責任。

一個家庭，兩個世界。

小雅的丈夫每年只能趁著年節假期到美國陪伴老婆與孩子，相隔兩地的苦楚沒有人能夠體會。但為了節省花費，丈夫接下來幾年到美國陪伴的時間與次數愈來愈少。

經過多年打拚，丈夫在台灣已然位居高職，收入頗豐，他無法放棄台灣的工作去美國與家人同住，物質生活雖然日益改善，但心裡的孤單寂寞與日俱增。

等孩子上了大學，小雅也逐漸習慣自己帶兩個孩子在美國的生活，與丈夫感情日漸疏離，幾次在電話上爭執後落淚。小雅心痛自己怎麼會這麼可憐，原本在台灣也有很好的發展，竟然淪落成美國黃臉婆，而先生對此無動於衷。

他們愈是爭執愈是心累，漸漸的，丈夫似乎已經不屬於這個家庭了。

小雅訴說這段故事時不斷啜泣，她不知道來美國的決定對不對，好幾次她很想放棄帶著孩子搬回台灣，但想想孩子都已經適應新生活，沒有理由為了她的孤單影響孩子的生活。

就這樣，孤單像癌細胞侵蝕原本的夢想，也吃掉她與先生的感情，得知先生在台灣另有家室後，她近乎崩潰。當她開車在加州一〇一號公路馳騁時，好幾次想著就這樣放手一走了之。

「你最後怎麼選擇活下來的？」我問。

「沒辦法，我還有兩個孩子，不能這麼自私。」小雅邊說邊流淚。

從這裡可以看見，小雅仍然有著強大的意志在背後支撐她。

「你現在呢？好點了嗎？」

「我知道必須為了孩子堅強，過去的我會選擇讓它過去。」小雅說。

原來，小雅現在的困難並不是要療癒前夫離開的情傷，因為「最難的那段路」已經過去，現在她面對的是孩子的議題。

小雅的女兒早已研究所畢業，在西雅圖的科技公司上班，收入相當不錯，打算買房子與男友進入婚姻。

「那不是很好嗎？」我說。

「我想去西雅圖找女兒，可是她都拒絕我，不想要我去。最近幾年我見到她的次數愈來愈少，她研究所畢業後就漸漸跟我疏離了。」小雅嘆了一口氣。

「知道是什麼原因嗎？」

「可能跟她男朋友有關吧！幾年前我覺得她當時的男朋友年紀太大，觀念上一定有差異，又離過婚，所以勸她不要跟那個男朋友交往。」

「她聽進去了嗎？」

「沒有，但到最後他們也分手了。」

「那不是如你所願？」

「可是女兒還是不願意跟我說話。」

「原因是？」

「她現在這任男友是個白人，身上很多刺青，看起來很花心。我只是叫她要好好想想，是不是真的要跟這種男生在一起，她就覺得我管太多，不想跟我談。」

小雅臉上的無奈像是一個心急又無處使力的媽媽，眼見女兒一步步走近危險境地，但怎麼呼喚她也不願意回頭。與此同時，小雅想要與女兒好好連結的企圖一次次受挫，這也連帶著她開始對自己如何面對女兒失去信心。

「女兒這任男朋友你見過嗎？」

「見過一次，話不投機。」小雅說。

「那你怎麼知道他很花心？」

「看一眼就知道了，何況這個男的工作不穩定，將來還不是要靠我女兒。」

小雅說女兒跟她很像，當年她認識前夫時，父親就不贊成，可是當她決定跟這個男生在一起之後，什麼話都聽不進去，搞到最後她也跟父親變得很疏離。即便最後跟前夫離婚，她也不願在家人面前示弱，不想要家人給予任何同情。

所有的痛苦都需要小雅一人承擔，她知道這條道路難走，所以不要女兒走上同樣的路。偏偏女兒這點跟她很像，進入了感情關係後就聽不進小雅的話。

百感交集的小雅似乎看見女兒正在走同樣一條彎路，但她跟自己的父親一樣無能為力，突然對父親感覺到萬分抱歉。

一次次的挫敗後，小雅想知道，為何女兒把她推得遠遠的，明明母親的忠告是多麼正當與合理，難道女兒的父親外遇離開家庭給她的教訓還不夠嗎？

女兒的想法看起來不一樣，她一心只想要建構自己的家庭，逃離母親的抱怨與控制。

為了讓小雅找回原本跟女兒連結的強大意圖，我換了一個角度來詢問。

「女兒像誰？」

「像我。」小雅說。

「哪一部分最像？」

「獨立、聰明但固執。」小雅搖了搖頭。

「如果真的像你那是好事還是壞事？」我問。

「當然不好，我走的路太辛苦了。」

「如果你的道路有個終點，你希望的終點是什麼？」我繼續問。

我想要建構這個對話的最終目標，將小雅置入自己想要的圖像內，這也是強化她意圖的一種方式。

「我希望得到幸福，簡簡單單的幸福。」小雅眼眶紅潤。

「那就好辦了！」我說。

小雅抬起頭來，不明所以。她人生道路上充滿挑戰，放棄台灣的好工作到美國照顧小孩，為了家庭卻讓丈夫離去，現在女兒長大後也不想跟她交心，這怎麼可能會好辦？

「你不是說女兒像你嗎？如果你擁有幸福，女兒不就能夠擁有幸福嗎？」

「什麼意思？」小雅眼神充滿困惑喃喃問道。

「重點不在你女兒，而在你。小雅，你要幸福嗎？英文的幸福和快樂是同一個字。Do you want to be happy?」

小雅愣了一下。

「Do you want to be happy?」

聽到這裡，小雅眼淚大量流出，身體同時不斷抖動，她一方面想克制自己突如其來的情緒，但另一方面卻像山洪暴發，怎麼阻擋也都是徒勞。

你快樂，女兒就會快樂，你想要嗎？這段對話連動著母女二人的關係，也加強小雅從自己改變就可以得到「女兒快樂」的動機。

一個曾經走過彎路的媽媽帶著滿身傷，她把全部關注力放在孩子身上卻忽略自己的追求。一個沒有快樂的媽媽卻希望自己的女兒快樂、幸福，多麼弔詭！

女兒像是媽媽生命的延續，卻又是獨立、不受羈絆的個體。當媽媽看不見自己的幸福終點，又怎麼能看得見女兒的幸福終點呢？

小雅未嘗不知道，母女二人想要連結的關鍵鑰匙在自己手上，只是怎麼也沒想到她將自己幸福鎖在保險箱裡不見天日。她總以為孩子的成就、感情順遂就是她功成圓滿之時，但幸福的保險箱卻深鎖在自己的心房，久久未能發現。這也是她灰心喪志，無力可施的緣故。

一位母親曾經走過彎彎曲曲的道路，當她到了人生中年，見到女兒可能也要步入自己的後塵，她說什麼也想阻止女兒。

這讓我想起了張愛玲經典的短篇文章〈非走不可的彎路〉。

如果媽媽走過彎路依然能找到自己的幸福，那麼請相信女兒也可以，因為難走的彎路都走過，還有什麼挺不過來的？媽媽能做的不是擔心女兒，而是發揮媽媽的愛與關懷，時刻給予溫暖。在女兒開心、雀躍之餘，媽媽可以帶著微笑鼓勵、欣賞自己的孩子；在女兒跌跤、碰壁時，媽媽張開雙臂，接納與安撫女兒的傷口，做為她永遠的後盾。

但媽媽需要先有幸福，才有張開雙手的力量。

這個簡單的道理小雅並非不懂，但她需要在對話時能夠找到接納自己的方向，以及對自我做出改變的動力。當我們能夠強化當事人的意圖，他們就更容易接受接下來的方法討論與設定目標。

只不過，很多時候缺乏動力的最主要因素是對自我的不接納，現在讓我們再往OMIYA這個對話脈絡的「渴望」多一點探討。

連結渴望

冰山的渴望層次通常是我們對話時反覆觸及的領域，很多人雖然知道自己想要什麼，也知道可以怎麼做，但卻怎麼樣也跨不出去。在意圖或動力逐漸消失之際，很多時候連帶生命力也變得像倒金字塔的底部一樣漸漸被掏空，一不小心就會倒下。

以前文彥堂的例子來看，他無法與爸爸好好說話並非他不知道可以怎麼做，更多的困難在於他面對爸爸時，過去的恩怨情仇會在腦海中不斷提醒他應該要開始進行防衛姿態，這些伴隨而來的感受一一興起沒有被好好回應時，自然就不願意再往前跨出一步。

所謂的連結渴望是讓當事人感受他在刺激當下可能升起的感受，然後運用自身資源與能力去無條件擁抱、接納這樣的自己。如果我連生氣、委屈、難過都能接納，在我做出與爸爸連結的動作時，這些感受就會大量來襲，我在體驗與允許這些感受的當下，就會對自己湧起更多的欣賞與慈悲，也因此沒有什麼能夠阻擋我。

透過後文的案例，我的目標是希望當事人透過一些簡單對話，不帶批判的接納自己，也連結她的兒子，同時，提升她的生命能量。

◆你聽見了嗎？

我很喜歡科幻電影「星際效應」某個片段，做為太空人的父親約瑟為了拯救地球，必須呼應美國太空總署的徵召，到距離地球遙遠的星球尋找機會。約瑟在飛行任務中被吸引至黑洞的五維度超立方體內，為了傳遞訊息給留在地球的女兒墨菲，用盡各種方法製造不同訊號，墨菲卻不知道那是父親「愛」的呼喊，還以為是幽靈現象。

當我看到父親千方百計想與女兒做連結時，深受感動。這個世界只有「愛」能超越時間與空間，在不同次元裡遙相呼應著。

恩媛出現在課堂上時，眉頭深鎖，臉上黯淡無光，只是靜靜的聽我與其他學員對話，正巧每段對話都敘述一個個愛的故事。

我可以明顯感受到她在課程裡的變化，跟她一起來的同伴時不時在下課期間跑來向我表達他對恩媛的關心。恩媛的同伴說，她這幾年狀況不大好，本來是個外向、樂觀的人，在工作上也盡心負責，但幾年前她兒子因為憂鬱症自殺，她把一切責任都往身上扛，覺得自己做為母親沒有盡到該有的責任，導致兒子在三十歲那年沒有留下隻字片語就從高樓往下跳。

「兒子怎麼會這麼想不開，她實在是無法理解。」同伴告訴我恩媛一直以來的想法。

他覺得恩媛已經意志消沉到無以復加的地步，每次只要跟她說話，都能明顯感覺到她的自責與無力感。同伴曾經鼓勵恩媛找諮商心理師聊一聊，但幾次之後她就覺得浪費時間，中斷諮商。

我不同意恩媛的看法，畢竟心理療癒需要漫長時間，但我想這也是她的經驗。隨著課程裡幾個故事能量的流動，恩媛似乎漸漸打開心房，好像看見一縷縷陽光穿透烏雲，本來一言不發的她，也開始主動提問與分享。

課程來到第三天，她主動分享一個 COVID-19 疫情期間的故事。

恩媛說，某天下班時，女兒傳來一張照片，上面是快篩結果，明顯有兩條紅線陽性反應。她急忙回訊息告訴女兒，要記得好好休息，居家隔離，並且問女兒是否有任何需要，做為媽媽的可以幫忙。

「媽，你搞錯了，你看仔細。」結果女兒這樣回覆。

「我後來再看了一眼，不知道有什麼問題，所以我問她是搞錯什麼？」恩媛說。

「這是驗孕棒，我懷孕了。」沒想到女兒傳來這條訊息。

「在那個當下，我突然百感交集。女兒剛結婚沒多久，我知道女婿對她很好，所以也期待他們能夠幸福快樂，當然，我們家終於要有新生命報到，我也很高興。」恩媛說到這裡，聲音也略顯激動。

「這個新生命對你而言很重要嗎？」我問。

「很重要，因為我曾經向老天祈禱，如果可能，希望兒子能夠回來，不管用什麼形式。

「老師，不瞞你說，我兒子很多年前因為憂鬱症自殺，我這幾年痛苦不已，因為自己竟然不知道兒子病況這麼嚴重，以前總是跟他說不要想那麼多，很多事情沒那麼慘，世界也沒有崩塌，可是他竟然還是選擇自殺。」

恩媛提到兒子輕生的過去仍然激動不已，即便她此刻看起來有刻意壓抑。

「我想女兒懷孕代表兒子來投胎轉世了，不論他是用男生或女生的身分出現，都是回來跟我再續前緣。」

我無法想像中年喪子那種心如刀割的苦痛，但我知道女兒懷孕終究給她帶來一絲新希望。

「恩媛，你跟女兒的關係如何？」我問。

「很好，女兒這幾年也很辛苦，她知道哥哥過世對我打擊很大，所以常常要來陪我說話，怕我也想不開。也難為她了，做為妹妹，她也很痛苦，也有自己的生活要忙碌，可是卻不忘記來照顧我。」

隨著故事的描述，恩媛的語調時而興奮高亢，時而憂鬱低沉。

「後來女兒生了兒子或女兒？」我問。

「生了兒子，我知道這是兒子透過女兒的肚子再一次來跟我會合。」恩媛說。

我聽到這裡皺了一下眉頭，看起來恩媛真心希望這個孫子是兒子的化身。只不過，我知道孫子剛出生需要外婆的祝福，但長此以往，孫子的人生還是需要找回自己的身分認同。

「恩媛，你知道兒子已經走了，對嗎？」我問。

「我知道。」恩媛噙著淚回答。

「既然如此，我們先別把兒子跟孫子混為一談。我想問你，當你知道兒子選擇離開的時候，心裡有什麼感覺？」

「我很痛苦。也很自責，我竟然不知道他已經憂鬱症這麼嚴重。」恩媛仰著頭看著天花板，彷彿深怕眼淚掉下來，緩緩的說。

「恩媛，你很自責呀？那你這幾年仍然會自責嗎？」

「會，因為我救不了兒子。」恩媛點點頭說道。

「這幾年你不就常常往自己胸口捅刀，提醒自己沒有做好媽媽的責任？」我問。

恩媛眼淚還是忍不住往下滴滴答答。

「你喜歡這個感覺嗎？」我追問。

「不喜歡，這也連帶我的朋友、家人還要花心力來關心我，我知道他們很擔心我的狀況。」恩媛說。

「那你怎麼仍然需要這樣對待自己呢？」

這是一個反差式的問話，我希望恩媛將覺察帶入。

「老師，我也不知道，但我真的好長一段時間走不出來。如果當年我能夠早一點發現，至少可以把兒子接回家住，不讓他離開我的視線，他也不會做出這樣的傻事。他怎麼可以一走了之，難道沒想過我的感受嗎？不知道我會這麼痛苦嗎？」

恩媛說到這裡，眼淚決堤般嘩啦啦不斷滑落，身體也不停抖動。

創傷無形中傷害我們最多的地方，在於我們不允許身體的動能被釋放，所以任何「不要想那麼多」、「沒那麼糟」的安慰都是對感受的壓抑。在這裡，我看著恩媛盡量釋放內在感受，只是好奇她到底這幾年是怎麼走過來的。我不做太多干預的動作，直到她情緒奔流了一陣子，我才開口說話。

「恩媛，兒子離開的這幾年，你覺得他現在過得如何？」我問。

「他應該自由自在，不受疾病困擾了吧！」恩媛含著眼淚邊說著。

「你覺得兒子還會想來跟你連結嗎，不論是夢裡或是精神層面？」我提出了一個問題。

「我覺得會，因為，我很想他。」

恩媛說到這裡又忍不住痛哭失聲。

在對話中，我經常使用人類獨特的想像力來擴展我們的邊界，以自己做導演重塑一個能改變大腦迴路的場景，從這個場景中得到救贖、得到釋放、或是得到生存的力量。

「如果他此刻正在看著你呢？假設他就站在你眼前，你會想跟他說說話嗎？」

我大膽提問。

「會。」

「你想跟他說什麼？」我問。

「我會跟他說，小鈞，沒關係，媽媽知道你離開也有你的理由，就算你選擇一個極端的方式，媽媽也不會怪你。你有你的選擇，雖然我不認同，也覺得這樣做不大應該，但過去就過去了。」

「恩媛，這時候別跟孩子說道理了，好嗎？如果只有很短的一段時間，你想跟他表達什麼才能與他內心有真正的連結？」

在想像的空間裡限定時間，會讓人更快觸及渴望的邊界。

恩媛兩眼炯炯有神看著前方，腦袋似乎不斷運算著，要怎樣說，才是跟兒子快速連結，並且能夠讓他感受到母親真正的關懷。此時教室一片安靜，默默等待恩媛對假想的兒子說話。

「小鈞，媽媽只想告訴你，沒關係，不管怎樣，媽媽都愛你，你聽見了嗎？媽媽愛你，你聽見了嗎？」

語畢恩媛放聲大哭，似乎把內心最簡單、純真的心聲透過短短幾個字表露無遺，現場學員看了無不動容，好多人也拿著衛生紙擦拭止不住的淚水。

看著恩媛因為大口喘氣帶來身體顫動，眼淚不斷流淌的同時，我只是在一旁靜靜陪伴。

藉由對著死去的兒子說話，這是一種無條件的包容，也代表母愛穿越時空，沒有距離，連結了陰陽兩界的渴望。

「恩媛，假設小鈞真的聽到你這麼說，你猜他會回應你什麼？」好一陣子之後，我再跟恩媛提問。

「他會說，媽，我聽到了……我聽到了。」恩媛放聲。

這個回應似乎是一種穿越五維空間的幽靈訊息，看似無稽卻帶來無盡的愛與接納，不僅恩媛情緒得到大量抒發，連我也不禁紅了眼眶，感受母子在一種暗黑無知的維度裡相遇，那種穿越現實的美好，帶來深刻的體驗感與真實感。

對話的難處在於我們總想著要解決對方的問題，但殊不知在我們內在最深層的角落其實要的很簡單，只是一種渴望的連結，愛的傳遞。

就算彼此處在不同的時間與空間，能夠穿越異次元扭曲維度的能量唯有愛，那一句「你聽見了嗎？」震撼全場，也撥動我的心弦。

連結渴望，始終是我們在汪洋大海迷航時的指引。

自我覺察

一段深刻、帶有體驗感的對話必須從最根本的覺察開始做起，近年來很流行的正念、觀禪、靜心或冥想都是在我們內在開啟一扇窗，觀看我們體內升起的各種狀態，包含念頭、感受、內在聲音等，只是觀察但不做出反應，接著看著它慢慢落下。保持清晰且一心的覺知，我們將能完成更細微的智慧修行，達到更大的證悟。

對話時，我們也可以運用一些提問幫助當事人做到幾個目標：

1 看見自己當下的狀態及刺激當時的狀態。
2 從新的眼光看見自己所處的位置，只是觀察而不給予評論。
3 把語速放慢並多一些停頓，可以的話在過程中做一些深呼吸。
4 覺察感受與靠近感受，接納自己真實的感受。

這個覺察的功夫包含我們如何重新看待過去，把眼光定位在自己能夠從高處洞察這一切的發生，然後有能力改變對事物的看法，給予那個曾經遭遇挫折的自己一點慈心。

在未開悟以前，人們總是相信自己相信的。

◆說多了都是淚

我在家排行老三，五、六歲以前我與上面兩個哥哥非常親近，他們總是帶我在家裡甚至到巷口、溪邊、林間玩耍。直到念書之後，他們的功課不甚理想，父親開始將資源傾斜到我身上，希望我能為家裡爭光。

哥哥和妹妹從小跟我說父親很偏心，怎麼會對我比較好，很多他們要求不到的物質需求，我都能得到。

我不反駁他們的看法，只不過心裡有個隱微的聲音：「是不是因為我，讓哥哥和妹妹缺乏了父親的關注？」

以前我會在心裡植入這個看法或信念，雖然大腦有時候告訴自己這個想法很荒誕，但卻不免偶爾浮現那些讓自己自責的畫面。

二〇二三年夏天，我到某個企業進行內訓工作坊，在課堂上我邀請學員想想，如果在此刻他們能夠想到某個人並希望與他連結，這個人會是誰？

年過五旬的俊傑當時舉手回應我，他想到哥哥。

俊傑擔任高階主管多年，按照他的說法，很多時候對待同事或下屬的應對姿態是「超理智」與「討好」並存，他談到自己覺察到過去喜歡講大道理的方法不太合適，近幾年都小心翼翼，深怕對方誤解他的意思，但現在過於討好也覺得很無奈，事情也推動不了。

「你怎麼會從原本善於說大道理的姿態，轉變成處處要小心的說話方式？」我好奇的問。

俊傑嘆了一口氣，緩緩說出與哥哥之間的故事。

俊傑有一個大他好幾歲同父異母的哥哥，父親是職業軍人，之前的太太生哥哥的時候難產過世了。

由於職業關係沒辦法將孩子帶在身邊扶養，父親當時忍痛將哥哥送往育幼院寄養，只能趁著放假偶爾探望。後來父親又結了一次婚，生下俊傑。

在母親懷著俊傑期間，哥哥終於被父親接回家裡住，所以後來母親長時間照顧哥哥和襁褓中的俊傑。

俊傑說：「我覺得媽媽沒有那麼疼愛哥哥，可能是因為不是他的生母吧！」聽起來，俊傑從小就在腦海裡灌輸了這樣的想法，可能也與我童年時期一樣有著原罪。

俊傑哥哥從小到大就是個調皮搗蛋的孩子，上學之後功課更是一塌糊塗。他印象中，每次父親回到家動不動就是打罵哥哥，說他怎麼那麼不成材，不知道上進，枉費他一番心血。

而哥哥調皮的個性卻始終依然故我，不愛念書。

「現在想起來，我猜他是想要得到爸爸的關注吧！」俊傑剖析。

因為母親管不了哥哥，父親又長年在部隊裡，他為了有效管教哥哥，決定將他送到軍校，一來規律的生活可以約束好動的孩子，二來期待軍事化管理可以幫孩子導入正軌，融入群體。

殊不知，哥哥的叛逆在軍校裡變本加厲。抽菸、喝酒、打架不在話下，在求學期間還未成年就與女朋友未婚生子。父親因此大發雷霆，狠狠數落哥哥一番，拿棍棒朝他身上招呼。

哥哥得不到母愛，連父親這條血脈都阻塞了。

他最後離家出走，連課業都沒有完成。

我聽到這裡，深呼吸了好幾次，都能感到胸口的窒息感。

「後來怎麼了？」我問。

俊傑的哥哥在服兵役期間逃兵，某次被臨檢時搜到身上攜帶毒品，被捕入獄，那時候太太也決定與他分手，獨自帶大孩子。

哥哥就這樣進出監獄幾次，每次出來之後也都沒有固定的工作，常常與賭博、毒品為伍。俊傑資助哥哥好幾次，也勸他回頭是岸，找一份固定的工作，為了自己也為了家人洗心革面。哥哥可能因為需要俊傑金錢幫助，嘴巴上唯唯諾諾說好，但每次俊傑再聽到哥哥的消息時總是很生氣，因為他毫無變化。

俊傑說自己常常在想，如果父母能夠多一分愛給哥哥，是不是他就不會變成這個落魄樣子？他知道期待父母改變永遠不可能，所以自己想盡辦法要幫助哥哥，因為他內心隱隱覺得哥哥變成這樣，與自己占據父母過多的愛有關。

與俊傑對話時我心想，如果他無法用新的眼光覺察到童年時期的自己也盡力想要家庭和諧，不希望哥哥變成那個家庭的棄子，他就無法跳脫過去的框架。

俊傑說後來他能跟哥哥講話的時機愈來愈少，所以也把握每次機會勸誡哥哥一番，有時候話不投機半句多，他與哥哥常常講到最後也鬧得不可開交。

「你以為我想要這樣嗎？爸媽從小到大哪一次為我想過，他們為我安排的都不是我要的，那是他們自己要的。」俊傑引述哥哥的話。

俊傑對這句話印象深刻，他也知道哥哥在這個家裡很不快樂，可是他能怎麼辦呢？他又沒辦法代替父母的角色，只能盡力勸說哥哥往好處想，不要想那麼多。

哥哥心中有個觀點，他是個缺乏愛的人，也沒有人會溫暖的接住他，所以他只好不斷往外求，只能藉由酒精或毒品得到一點「愛的慰藉」。

故事來到這裡我不禁感嘆，哥哥陷在過去的陰影中，尚未找到自己跳脫陰霾的力量。

哥哥中年之際認識一位菲律賓外籍移工，決定結婚步入人生下一階段，沒想到他因為常常酗酒對太太家暴，導致對方向警局申請保護令，最後忍受不了哥哥的殘暴對待，「逃回」菲律賓。

失去太太對哥哥更是人生一大重擊，彷彿沒了生活依靠。

◆從感受開門

「哥哥後來找我借錢，說要去菲律賓找回太太。」俊傑深深嘆了一口氣說道。

「你給他錢了嗎？」

「我能怎麼辦？」俊傑說。

當俊傑看見哥哥的落魄樣，心裡不由得產生很大的憤怒，怎麼好好一個人搞成這樣，連生活都過不下去。俊傑把他罵了一頓，從童年時期闖禍一路數落到他入監服刑、吸毒犯罪再到家暴太太，俊傑不吐不快把自己的不滿一股腦兒丟給哥哥。

最後俊傑還是給了哥哥一筆錢，希望他去菲律賓的時候自己小心。

「哥哥拿了錢，什麼話也沒說，低著頭就走了。」俊傑眼神望向遠方，彷彿哥哥的身影就在面前飄過。

「看著哥哥的離開，你有什麼感覺？」我輕聲與俊傑核對。

在前作《冰山對話》裡，我強調從感受開門的重要性，而重新回到故事的圖像中讓當事人再度體驗當時的感受也是一種覺察。

沒想到，俊傑聽到我這樣的問題之後，淚珠沿著臉頰不斷滑落，看得出來他想要忍住眼淚，卻怎麼樣也停不下來。

我靜靜等著俊傑，心裡同樣百感交集。

「那是我最後一次見到哥哥。」過了好一會兒，俊傑稍微緩一緩才開口說，說完再也忍不住，大聲啜泣了起來。

「發生了什麼事？」我問。

俊傑的哥哥到菲律賓後，找了一間非常便宜的飯店住下來，每天試圖跟太太聯絡，但對方始終避不見面。回到飯店的哥哥足不出戶，只知道他菸酒不離身，有沒有吃飯都不曉得。

俊傑曾經跟哥哥聯絡幾次，知道他狀況不大好，他也擔心、焦慮不已，覺得這樣不是辦法，勸哥哥回台灣，不要再執著想要嫂子一起回來。

哥哥不願意。

看到哥哥這麼不聽勸，俊傑也忍不住開始說大道理的功夫，寫了一封幾千字的訊息給哥哥，希望他放下屠刀立地成佛，拋開過去的不愉快，回台灣重新開始，好好做人。

「後來呢？」

「哥哥看到訊息已讀不回。」俊傑說。

在那之後，就聯絡不上哥哥了，再得知他的消息已經又過了一陣子，是外交部的單位通知俊傑與家人說哥哥自殺身亡。

「啊？」我突然蹦出了一聲。

我驚呼了一聲，不敢相信我聽到的，發現自己的腦袋嗡嗡作響。

「對不起，這故事說多了都是淚。」俊傑說完這個故事之後，自我解嘲的這樣說道。

「這是什麼時候的事？」我問。

「七、八年前了。」

「哥哥的離去，對你影響最大的是什麼？」

「是不是我對哥哥的勸誡言語太過激烈，導致他最後想不開。我明明覺得爸爸講話太嚴厲，沒有照顧到孩子的心理層面，但我自己似乎也跟爸爸一樣，對哥哥太嚴苛了。」

說到這裡，俊傑頭低著，任憑眼淚自由落體般往地上滴。

原來俊傑把哥哥從小不學好、長大乖違、最後自殺的這些經歷也攬了一部分到自己身上，雖然理智上知道自己不是最主要的原因，但卻無奈心裡那道陰影如同鬼魅般糾纏。

「不是我害的，卻跟我也有關。」

這個內心聲音我也有過。在我的原生家庭裡，是不是因為我不想獨厚父親的關愛，所以青春期的時候學會逃開這一層羈絆，透過放逐自己才能夠躲過爸爸對我的期待？

我沒有定論。但我知道，我在乎家人也想與每個人連結，那是生命底層愛的渴望，這也是俊傑需要重新看見的。

在工作坊裡透過對話示範，一層一層剝開每個關鍵細節下的內在冰山，我想讓學員知道如何運用簡單方法走進一個人的內在。

我與俊傑後來的談話多半放在他在這個歷程每一刻的冰山狀態，從過往的記憶去發現、尋找、體驗那個想要家庭和諧的俊傑有多麼的不同，讓俊傑知道他在每個環節裡都做了盡其所能可以做的事，打開對自己新的覺察。

如果像俊傑這樣的夥伴你都能陪著他走一程冰山旅途，在細節裡打開覺知，那麼在日常生活中，你也會明白怎麼去靠近一個人。

找到資源，運用ＯＭＩＹＡ對話

明白ＯＭＩＹＡ的對話模組後，我想運用後文案例來貫穿與說明如何運用這個脈絡。

我在資訊產業待了二十多年，曾帶領過開發與測試的團隊，參與不少客戶的產品專案，雖然自己不真正參與編程工作，但對於軟體開發週期需要進行的各項測試型態還算有一定的理解。

到資訊產業進行工作坊時，總覺得有那麼一些親切感，因為過去產業經驗的關係，我與參與課程的學員彷彿有種相似背景的連結氛圍。

士迪是個大學剛畢業沒多久的軟體開發工程師，他穿著短袖T恤、牛仔褲和籃球鞋，感覺活力爆棚，好像下班後隨時都可以去籃球場上順手丟幾顆球，或可以直奔健身房拿啞鈴練練二頭肌。

雖然他身形勻稱看不出有任何問題，但臉上卻帶著一絲憂鬱，說話時聲音低沉，嘴角下彎看不見笑容。

士迪形容自己沒有什麼情緒，平常經理交代他什麼事就做，話不多的他只是覺得經理有時候說話咄咄逼人，他不是很喜歡經理這樣的說話方式。

「你進公司多久了？」我問。

「大概一年了吧！」

「你說經理說話比較凶，可以形容一下他是怎麼跟你說話的嗎？」

「像他有時候發現測試人員找到重大錯誤，就跑來跟我說怎麼寫錯語法的事會發生在我身上？那個時候他說話就不大客氣。」士迪歪頭想了一下說。

「他不在現場對吧？」我開玩笑的試探一下，避免對方也在現場產生尷尬。

「沒有。」士迪難得在回覆時笑了一下，現場也跟著一起笑開。

「那就好。如果他不在，我可否好奇一下，他什麼時候跟你說話不客氣？最近有嗎？」我說。

我把這個問題聚焦在一個清晰可見的記憶事件上，方便我們透過一個冰山上沿的故事做為引線繼續探索，這個目的是幫助我找到一個黑洞缺口，只要循著線索就可以走入士迪的內在冰山，去看見一個「人」的全貌。

薩提爾女士認為，我們光憑一個事件或故事僅僅能夠看到一個人外在的世界發生了什麼事，而人就像極地的冰山，浮在水平面上的部分僅僅占了整座冰山體積的十分之一左右，更大的區塊潛藏在水平面之下，那是一個人的內在歷程。

懂得潛入水平面之下看看這個人發生了什麼事，才有機會看到一個完整的人對水平面上的事件如何應對、心理感受為何、對於人事物的看法是否與其他人不同、對自我或他人有什麼期待、他真正內心渴望的普世嚮往是什麼，以及他是不是能夠長出堅實的力量為自己負責。

◆觀察非語言訊息

「上個月經理就說我負責的一款產品有問題。我有跟他說那是以前開發人員寫的舊代碼，所以很早以前就有問題了，不是我寫的。」士迪有點無奈的說。

「結果經理怎麼說？」我問。

「經理就說，就算是以前的工程師寫的，你也要鑽研一下舊代碼，別造成不必要的錯誤。他說我錯了就錯了，怎麼藉口還這麼多？」

「當時你生氣了嗎？你是怎麼回應他的？」我問。

「生氣呀，但我沒打算理他，反正講也沒用。」士迪聳了聳肩回覆道。

「你會想與經理好好溝通嗎？」我在這裡多一點確認。

「不想，講了有什麼用。」

我請士迪先在這裡稍做停頓，讓思緒暫停一下，不要這麼快透過慣性迴路來運作。接著，我把這個問題做了一點釐清繼續問道：「你是不想與經理好好溝通，還是你就算想好好溝通，也不願意面對經理咄咄逼人的姿態？」我準備在這裡釐清我們對話的目標。

「應該是不想面對經理咄咄逼人的樣子吧！」士迪聽了我的話後，稍微思考一下才說。

我點了點頭說：「所以我再確認一下，你想與經理好好說話，但因為經理那個指責的樣子，讓你覺得講也沒用，對嗎？」

「對！」士迪說。

我在課堂上曾經講解過四種不一致的應對姿態，其中包含指責、超理智、討好與打岔，在這個時候我邀請士迪去看一下，經理與他在這個狀況底下分別是什麼樣的姿態浮現出來。

士迪很快就可以找到他們彼此相對應的姿態。

「經理是指責，我是打岔吧！」士迪說。

「你說得沒錯。你還記得以前在家裡看過誰是指責的姿態、誰是打岔的姿態嗎？」我問。

我把這個問題連結到士迪童年經驗裡，看看他是否能夠有更深一點的覺察，為何有人指責時，他學會要避不說話才能從中得到安全。

士迪仰起頭來斜眼看著天花板，雙手環胸呈現一副若有所思的狀態，我在這裡只是靜靜的等待，並不著急催促他在腦袋資料庫裡迅速取得想要的資料。

「我爸媽吧！」過了一會兒士迪終於開口。

「嗯？」

「他們在我很小的時候就離婚了，爸爸脾氣比較暴躁，我記得他們常常吵架，最後媽媽受不了離家出走。」士迪吞了吞口水繼續說道：「那個時候我才剛上小學，我記得媽媽很快就再婚，所以小時候爸爸都告訴我，媽媽是個不負責任的人，以後不要再跟她聯繫了。」

「你跟媽媽還有聯絡嗎？」我確認。

「幾乎沒有，她自己有家庭了，如果要聯絡也不方便。」士迪在這裡多加解釋。

「這麼說的話，你覺得自己打岔的姿態是跟媽媽學來的嗎？還是你覺得跟爸爸比較有關？」

「我覺得或許跟爸爸比較有關。」士迪想了想回答。

「怎麼說？」

「從小爸爸就對我很嚴格，每次跟他說話我都很害怕。上國中以後，基本上我就不喜歡跟他講話了。」

「即便現在也是這樣嗎？」

「對，反正我說什麼他都不認同。」

我眼睛專注的看著士迪，發現他眼神有一點游移，臉部線條變得稍微僵硬。非語言訊息的觀察可以幫助對話者更清晰的看見一個人內在的狀態。

「士迪，說到這裡，我發現你的臉呈現比較緊繃的狀態，你心裡有升起什麼樣的感覺嗎？」我直接透過觀察到的非語言訊息提問。

「不爽。」士迪說。

士迪說到這裡停了下來，若有所思，彷彿在猶豫哪些文字適合被表達出來，哪些不適合。

◆留意隱微訊息

很多時候不經意出口的一些字眼往往是對話時重要的突破關鍵，如果我們不這麼細膩的去觀察這些隻字片語，很可能錯失對於當事人重要的訊息。范德寇在《心靈的傷，身體會記住》提到，我們是否記得某個特定事件以及對該事件的記憶有多精確，主要取決於該事件對我們的意義有多重大，以及當時我們的情緒有多強烈，而關鍵在我們的生理激發程度。

我們的語言中存在大量大腦記憶碎片釋放出來的隱微訊息，有時這些信息會在我們不經意之間流露出來，但我們不見得會有所覺察。

有些字眼甚至摻雜生命經驗的細微感受，因為家庭或社會教育的影響，我們有時不擅長用語言表達內在情緒，漸漸談話時也會刻意或下意識迴避自己的感受。

許多人不善於表達情緒或更有甚之不願意觸碰情緒，所以會運用一些語言技巧顧左右而言他、閃躲眼前遇到的可能會挑起感受的話題。久而久之，人們會誤以為自己沒有情緒，實則身體機制被訓練成「不要感受」、「迴避感受」。

難以感受情緒的人有個形容詞稱為「述情障礙」（Alexithymia）。這樣的人不知道自己感受到了什麼，也不會用言詞表達。

小時候如果就被灌輸要忽視情緒、不理會情緒，長大之後就愈會閃躲每一刻對於人事物的各種感受。

如果小時候向大人討糖吃被拒絕，你雙手握拳、表情猙獰、雙腳跺地，心裡感覺到憤怒，這時候爸媽跟你說：「不給你糖吃就生氣哦，有什麼好生氣的？羞羞臉！」這時候你的生理機制會記住父母的這一段語言，也會漸漸寫入你的身體密碼裡，日後遇到生氣的情緒時最好迴避，然後身體也要抗拒出現那些生氣的舉動。

小時候若是在玩遊戲時被同學排擠，回家向爸媽訴苦大家都不跟你一起玩，你好難過，他們如果很快就要打消你的難過情緒，並告訴你：「不要難過了，你看，我們家今天晚上要一起看電影哦！」在你逐漸長大的歲月裡，大腦或許也會記得「難過」是一種不需要存在的感受，要趕快找另外一種刺激覆蓋掉它。

不過問題是，我們始終知道，沒有人可以永遠封存住對我們具有重大意義或重大衝擊的感受，深層的情緒會像是拚了命往上攀爬的藤蔓，總有一天要冒出頭來。人們在做語言表達時，其實也會在意想不到的時候竄出幾個與過去那些刺激經驗有關的詞彙，藉此釋放一點淤積在胸膛的能量。

「為什麼是上國中以後？」我在這裡接了話。

我把這個時間點當成是一個切入點。在我們存在的四維空間裡，如果任憑時間一直逝去沒有留意到曾經發生什麼事，「時間」對於人們就不具備有任何的意義。

「國中」就是這個時間點的關鍵字。

「因為國中時期爸爸特別注重功課，以前爸爸還讓我學過小提琴，他會在我小學放學後載我去學琴。」

士迪抿了抿嘴之後繼續說：「結果剛上國中時，有個重要演出，他竟然沒到場！那個時候我覺得他根本沒有把我放在心裡。」

「你有問過他嗎？」我問。

「有，那個時候他說無法抽身，趕不到現場。」士迪說。

「他這樣解釋你不接受嗎？」

「有什麼比我演出還重要的事？」士迪說到這裡一臉不屑。

我看著士迪胸口的起伏，知道他在這件事情上，正在重新感受當時的情緒。

「所以你因為這件事就決定不再與爸爸有深刻的談話嗎？」我核對。

「不只這件事。我國二之後成績下滑，爸爸有一次還來學校找我。」

士迪說到這裡咳嗽了一聲，用手摸了一下自己的頭，然後說道：「他把我從教室叫出來，問我為什麼功課變這麼差，害他還要跑到學校和老師討論怎麼補救我的功課。那個時候我尷尬死了，有什麼事不能在家裡說，要在學校談？所以我根本不想跟爸爸講話。」

「有可能當時我的態度讓爸爸很不高興，他講什麼我也沒聽，結果他就在教室外面賞了我一巴掌。」士迪繼續說著。

「賞你一巴掌？」我附和。

「對，那該死的一巴掌。」士迪帶著一點挖苦與嘲諷的笑容這麼說著。

「怎麼說？」

「從那一刻起，我就決定不再跟他說什麼話了，反正說什麼也沒用。」

我在這裡比較明白士迪過去的經驗如何對他往後的人生帶來影響。父親在家庭裡就是權威角色，童年時期我們無法完全為自己做主，多數時候都需要仰賴父母決定心理或生理如何應對眼前的刺激。但是，如果父母從未學習如何做好親職教養角色（即便學習過後，也不是一蹴可幾的能夠處理好親子之間的衝突，需要反覆覺察、應變、回應自我再重複關切孩子），他們和孩子之間的關係就難免變得比較緊繃。

童年時期父親的權威角色很容易在長大過程中轉換成師長、主管或是知名人士的面孔，所以同樣面對這一類人的時候，我們不知不覺中也在重複以前面對父親的應對姿態。

◆看見衝擊脈絡

我在長耳兔心靈維度長期帶領師資培訓計畫，曾經也有種子講師說每次看見我都心生畏懼，雖然知道我不是她的父親，但她很明白的知道過去父親對她的經驗仍然在影響著她，所以我在課堂上對她的一些評語，她的解讀通常都偏向負面。

直到後來我們頻繁上課並一起討論課程計畫後，她才說已經不畏懼我了，她也知道自己已經學習到以往的經驗可以漸漸留在過去，不會一下子就讓她在日常生活中受到影響。

看見衝擊的脈絡對當事人來說很重要，因為這是釐清經驗如何產生、如何發展並且如何影響現在的自己最好的時候。當看懂了為何我現在會在受刺激時激發出這些種種的感受、迸出負面的想法，我們便可以回到現在這個當下，做出對自己最有利的選擇。

按照我與士迪的談話內容來看，他很可能也是受到與父親相處經驗的制約，在上班時無形中把過去學習到的求生存方式拿出來，在面對經理時使用，因此要能夠更好的翻轉士迪面對經理時的慣性姿態，就需要回到過去的經驗裡做一點改變。

薩提爾女士有個信念，我們雖然無法改變過去發生的事，但永遠可以改變過去事件對於我們的衝擊及看法。

薩提爾女士也說，每個人都有能力找到內心的寶藏，它讓我們有能力獲得成功，並且成長。

面對士迪這樣的當事人，我腦海裡勾勒出一個基本的對話方向，圍繞著前文提到的五個對話重點OMIYA，只不過，我把這個對話脈絡倒過來讓大家明瞭，對話並不是一成不變的標準作業流程，而是可以隨時因應上下脈絡調整的機動設計。

1 **自我覺察**：讓士迪能夠覺察到面對經理時慣用的姿態是否與過去和父親相處的經驗有關。

2 連結渴望：讓士迪能夠進一步與自己更靠近，接納面對父親與面對經理的那個挫敗的自己。

3 強化意圖：確定士迪是否想要做出改變，如果他想要改變，是否也願意接納自己的挫敗。

4 討論方法：討論可行的方案，模擬不一樣的場景，讓士迪知道他有哪些選擇可以執行。

5 設定目標：勾勒可以操作的步驟並達成他想要的目標，在此同時，對話的過程也要確保他能夠接納失敗。

雖說這五點看似線性從第一個到最後一個逐步完成，但真正在對話進程中，通常都是五個階段來來回回確認，因為每個點都是讓一個人觸及自我底層生命力的重要環節，只要能讓當事人懂得生命的掌控權在我手上，一旦自己有了決定，不論完成使命與否，都不會戕害核心的生命動能，而這個動力也會再幫助自己尋找新的方向，繼續往前行。

我與士迪的談話從原本他與經理的溝通問題往前挪移了十幾年，回到他還在念國中的年代，看似毫無相關的兩件事其實有著重要關聯，而這之間的連結是由士迪的應對姿態連貫而來。

與自己和解

人的內在冰山形成是經年累月的經驗與一連串事件沖刷之下的產物，要想更好的發現為何士迪每每遇見經理帶有指責的姿態時，他就慣性的運用打岔姿態面對，得從過去的冰山來一探究竟。

現在我們發現當年士迪父親帶給他的影響可能是士迪在壓力情境下選擇打岔姿態的源頭，就可以利用當年的事件來做一個新的觸發點，讓士迪把之前淤積在體內的能量健康的發洩，在內在疏通後，他就可以用一個比較健康的狀態看待過去的自己，並跟自己和解。

這裡我提跟「自己」達成和解而不是跟父親，原因是因為我們與他人的關係源頭都是跟自己的關係，如果跟自己已經做了深度連結，自我生命力呈現揚升狀態，這時候再與父親做和解就是水到渠成的事了。就算做不到與父親和解，也不會因為跟父親的關係發生齟齬而不斷斲喪自己的能量泉源，不停耗能。

我評估士迪當年與父親的衝突點不會對他造成重大創傷，只要讓他懂得在事件底下看見自己冰山的樣貌，輕觸渴望的沃土，應該就可以很好的掌握生命的主導權。

通常會因為重大創傷導致創傷後壓力症候群（ＰＴＳＤ）的原因很多，常見的包括經歷重大事故，例如交通意外（墜機、車禍、船難等）、工程意外（大樓倒塌、橋梁斷裂等）、天然災害（火災、水災、地震等）、暴力犯罪事件（身體遭受侵犯、被強暴、射傷、被槍指著等）、凶殺事件或恐怖攻擊等。

如果發現當事人可能是重大創傷事件的倖存者，這時候就需要仔細評估談話是否要深入，最好的方式是請當事人尋求專業評估，並且由精神科、身心科、心理師等專業人士進行療癒復原的工作。

我在許多不同場合都會強調「對話」這門功課對每個人都很重要，也符合大家的日常需求，但學習對話的本質或初始目的並非拿來療癒他人，而是用來認識自己。我們與他人對話時，會因為對方的語言回應或非語言訊息不斷衝擊內在，抱持覺知狀態是首要之務。

從士迪描述的幾個場景來看，我評估他不至於有重大創傷，但國中時期開始他與父親的互動看起來給他帶來一些影響。過去面對父親時，士迪為了能夠更好的求生存，可能採取了「打岔」的應對姿態，這個姿態連帶著讓士迪上班時面對主管、面對壓力時也成為他習慣性的應對方式。

做不到沒關係

我腦海裡有了一些畫面，也趁機與士迪做一些核對。

「士迪，後來你與父親的互動變得比較冷淡嗎？」

「對，我高中到外地上課，住在姑姑家，大學之後住在外面也不常回家，和爸爸的關係就變得沒有那麼密切。」

「現在呢？你和爸爸互動還多嗎？」我問。

「工作以後多一些，但也僅限於節假日打電話看看家裡有沒有事，不過講不到幾句話爸爸就會開始唸我，所以現在連電話也沒那麼常打。」

聽起來士迪與父親的關係不是太密切，如果想要讓他與主管之間的關係有所轉變，透過他與父親的互動做一點扭轉，或許可以讓他對自己有多一點覺察。在這裡，我沒有直接告訴士迪該如何與主管互動，那些方式很可能是他早就聽過無數次的老生常談，即便知道也無法在壓力當下做到。

以改變與父親的關係為範本，士迪或許就能重新塑造他的壓力源，也能夠重新定義他與主管的應對方式。

我們通常要的不是告訴士迪該如何改變主管，而是讓他覺察自己之後，用自己新的眼光重新決定他可以怎麼做。主管的應對或許不會有任何不同，但有覺知下的士迪肯定可以跳脫原本的應對慣性。

士迪是軟體開發工程師，一定很了解開發流程免不了一而再、再而三的測試環節，我打算從他熟悉的工作屬性入手，這也是他可以很快進入狀況的資源之一。

「士迪，你說和爸爸關係比較冷淡。我想跟你核對一下，如果有機會跟爸爸之間做出不一樣的改變，至少說出想說的話，這會是你想要的嗎？」

我在這裡先幫士迪假想一個可能的方向，試探他是否願意把它當做自己的目標。

「應該不可能，我爸沒那麼好搞，我跟他講沒幾句，他就會唸我了。」士迪看著我，臉上帶著一點自嘲的微笑。

「士迪，先別管可不可能，那是之後要探討的事，我只想問這是你想要的嗎？有了這個目標，你做不到沒關係，至少我們還在前進的道路上，但如果連這個目標都沒有，我們就連方向都沒有了。」

「士迪，你要嗎？」我又核對了一次。

「我要。」士迪思考了一下，緩緩的告訴我。

這裡我在強化士迪的「意圖」，因為與父親連結本來就是他最初始的想法，但如今為何會在連結的路上猶豫了、躊躇了，是因為過去的經驗不斷干擾他的意圖，只要我們在對話上抽絲剝繭找到真正的錨定，就有機會踏上原本想要的道路。

「士迪，告訴我，你現在怎麼會決定要這個目標了？」

「因為老師說做不到沒關係。」士迪臉上帶著一絲尷尬的笑容。

我經常在演講時提醒學員，接納是一切動力的來源，如同汪洋大海容納匯聚的百川，這一大池水擁有深不可測的寶藏。在士迪身上我們看到，當他知道接下來的舉措可能遇到挫折，也可能會導致父子關係更多摩擦，不過一旦我們有了目標也願意允許自己在執行過程中失敗，就有了一個強大的動力引擎，在體內源源不絕發出能量支持自己前進。

我在此確立了士迪的意圖，這也為後續工作定了一個目標，完成前面我談到五個步驟中的「強化意圖」，接下來我和士迪的對話會圍繞著覺察、連結自我、方法與執行幾個部分。

「士迪，謝謝你願意踏出這一步，代表你即便與父親之間常常感覺疏離，但心裡仍然有著與父親連結的渴望。」

「接下來，我想問你，如果想跟爸爸做一些表達，你想跟他說什麼？」我繼續問士迪。

從意圖走到方法，我們彷彿並肩作戰的勇士，在邁向戰場前我們預先做一番沙盤推演。

「我也不知道，或許會問他，我國中時候他到底為什麼會錯過我重要的小提琴演出？」

士迪帶著一點不確定抬頭看了我一眼。

「士迪，你問爸爸這個問題想得到什麼？你的目的是希望他跟你解釋，還是比較多是想要質疑他，順便發洩你的憤怒或難過？」

士迪聽到我這麼詢問，垂眸思考了一下，接著說：「可能是後者吧，他現在就算一直解釋我應該也不想聽。」

「如果是這樣，我們能不能換個方式表達。你是軟體工程師對吧？」

「對。」

「那你應該很清楚，一套軟體要上市前可能要經過大大小小的測試。如果你編程之後有測試工程師抓到了 bug（軟體運行時的錯誤），你可以接受嗎？」

「可以啊，有 bug 修掉就好了。」

「你說得對，有 bug 修掉就好了。這次換你當一回測試工程師，看看你和爸爸之間的溝通有沒有 bug，好嗎？」我運用士迪熟悉的應用程式開發流程，讓他嘗試不同的情境是否會發生任何「錯誤」。在他熟悉的領域裡，「錯誤」是家常便飯，只要他能接受這個概念，我們日常生活裡也可以如法炮製。

這裡的談話主要用意是與士迪討論一個「方法」，而這個方法有可能會給他的內在帶來大量衝擊。

「士迪，你今天回去會跟爸爸見面嗎？」我問。

「不會，爸爸住在南部。」

「可以打電話給他嗎？」

「可以啊！」

「如果你今天晚上打電話給爸爸，告訴他『我突然想到你了，我想關心你好不好』對你來說會困難嗎？我知道如果叫你直接告訴他『我愛你』會讓你覺得太唐突，所以我把測試的情境稍微設定一下，你看這樣可以嗎？」

學習表達渴望

我在課堂裡面告訴大家，薩提爾女士有一個信念：「父母盡其所能所知的來做父母。」

雖然我們過去可能會經歷許多不如人意之事，而父母過去也並未真正學習過親子教養，就算學習過，他們在每個當下也不見得能做出絕對適合孩子的舉措。正是因為如此，父母即便對孩子有愛，但外在的行為表現卻可能造成孩子的創傷。

父母應該都能體認，孩子出生那一剎那，父母在體內伴隨大量催產素影響之下，就算孩子眼睛甚至還未張開，雙手雙腳胡亂揮舞，什麼事也做不了，父母內在就已經對孩子充滿了愛。

即便孩子什麼事也做不了，什麼也不做，父母就有愛。

我告訴現場的學員，很多時候我們忽略彼此之間有著渴望的連結，那是愛、接納、包容、安全感等，但我們很多時候只表達自己的觀點與期待，很少表達渴望。

士迪如果愛爸爸，當然可以向他直接表達，但我今晚的功課只邀請士迪對爸爸表達關心即可。我跟士迪核對之後，他願意接受這個「測試」，同時我也邀請他，做這項測試題的時候，全程留意自己的內在感受（覺察），例如撥打電話時、電話打通時、跟爸爸表達時，或爸爸回應時呈現超理智姿態（不斷解釋、說道理、講規範），這時也請留意自己的感受並記錄下來。

「士迪，我給你的測試步驟除了表達關心，不論爸爸是否閃躲或反過來對你說道理，你都不需要多做解釋，只要告訴爸爸『我知道了，謝謝爸爸』做為結尾就可以。如果中途發現自己無法說出口也沒關係，允許自己也會跑不完這個測試流程，好嗎？」

士迪接下了這個任務後，我也向現場學員解釋，薩提爾模式裡談到的應對姿態同時也叫做求生存姿態，過去我們在原生家庭裡遇到壓力時，習慣性的運用打岔姿態來迴避，這也很有可能會是我們在職場上常用的方式，只要能夠看清長期累積下來的脈絡，我們就可以重新決定是否要在新的情境裡改變。

第二天早上，我邀請大家對前一天上課的內容提出問題，此時士迪主動舉手想分享昨天晚上他進行的「測試」結果。

「士迪，昨天晚上回去之後有做功課嗎？」我問。

「有。」士迪點點頭說。

這時候全場報以如雷的掌聲，算是回饋士迪做出這項「測試」功課的勇敢。

「那麼就請你告訴我們昨天的測試作業吧！」

士迪接過麥克風後，聲音微微抖動，緩緩道出。

「昨天我回家之後就想著要怎麼打電話跟爸爸講話，打電話前突然發覺心臟跳動快速，撲通撲通的好像自己都聽得到這個聲音。撥打電話時，還發現手心一直冒汗。」士迪吞了吞口水。

我點點頭，示意他這個「覺察」的工作做得不錯。

「電話接通之後，我跟爸爸閒聊了幾句，問他有沒有空，我想問他一些問題。爸爸說他沒事，我就先問了他記不記得我小時候學小提琴的事，他說記得，那時候他希望培養我擁有多一點興趣。後來，我也問他，還記得當年他來學校打我一巴掌的事嗎？」

士迪陳述這一段話時，我再次與他核對：「士迪，你問爸爸這件事，目的是想要拿來質問他嗎？還是你只是想要找個話題開頭？」

「沒有，我不是想要質問他，我講話的時候也非常平和，一點也沒有責怪他的意思。」

「爸爸怎麼說？」

「他說以前的事不大記得了，那個時候他要照顧我還要忙著上班，可能心裡比較急，沒辦法好好跟我說話。總之，爸爸昨天還是想要解釋一番，說他當年多辛苦、多累，劈里啪啦說了一堆。我就讓他說，沒有想要打斷他。」

聽到這裡，我心裡暗暗驚呼，原來當我們轉換一個視角，心境可以有這麼大的變化，過去慣性姿態之下，士迪可能就會放棄一段難得的高品質對話，轉頭離開，但昨天他竟然可以耐心聽完爸爸的反駁。

「士迪，你做的很不容易。」我做了一點回饋，「後來呢？」

「後來，我找到一個時間點，問了昨天老師在課堂裡說的薩提爾信念，我問他說：『爸，如果我什麼都做不好，你也會愛我嗎？』」

士迪說到這裡，雙手開始顫抖，聲音也略微波動，看得出來他正在經歷昨天同樣的過程。

我緩緩問道：「昨天你在問爸爸這句話的時候，也同樣激動嗎？爸爸怎麼回覆你的呢？」

士迪點了點頭，眼眶泛淚，兩手握著麥克風不斷摩擦，可以看得出來他內在正波濤洶湧。

「爸爸說，當然啊，你是我兒子，再怎麼樣爸爸都愛你啊！我聽到這裡就不行了，這是我第一次聽到爸爸這樣說，心情很激動。」

我環顧了一下現場的學員，很多人似乎同樣被觸動，頻頻拭著眼角的淚水。就在此刻，不僅士迪，在場的學員似乎也同樣連結了那份愛的「渴望」。

「後來爸爸講完之後，好像為了化解尷尬，又開始滔滔不絕講他希望我做好這、做好那，又開啟說道理的模式。但我已經得到我要的，後面讓他繼續講，我也沒打斷他。」士迪帶著一點笑容補充說道。

「士迪，還記得昨天我們討論的嗎？你說經理在指責你的時候，你選擇了打岔的姿態，這個姿態我們評估可能跟過去與爸爸的相處模式有些關係。現在透過這個測試以及你和爸爸昨天的對話，你會重新看待如何與經理應對嗎？」我把這個故事串連到昨天我們討論的議題上。

「老師，我終於明白你昨天說的，原來我們都在追尋與人的連結。我爸爸以前跟我說話時我就不想搭理，現在我明白他也有他的難處，所以我願意多一點等待。或許，我和經理之間的互動也是這樣，如果我可以嘗試著跟他對話，不帶批判，我至少也可以很平和的表達自己的想法。」

「很高興你看到了這一點。」我說。

看起來，士迪經過一番測試，也確立他最終可以做的「目標」是什麼。

「但是如果你之後和經理談話時還是會挫敗怎麼辦？」我笑笑多問了一句。

「就當測試有 bug 吧！」士迪反應很快的說。

說畢我和全場學員都笑了。

我與士迪的對話最終帶來了一段美好的結尾。從一開始我們的目標是與經理能夠好好互動談話，這是我們的目標，為了達成，我們運用了「模擬測試」的「方法」來試著操作，這也是源自於士迪本身是軟體工程師自帶的資源。為了能夠打造這個不一樣的方法，在我們之間的對話裡，我一直強化士迪的「意圖」，甚至將經理的角色沿著過去的慣性姿態，找到最初可能影響士迪的關鍵人物——爸爸。在士迪心裡，能夠拔掉前進道路上的荊棘，最大關鍵是他願意連結自我的「渴望」。

這個渴望是被接納、得到認同與自我價值，轉化對象到爸爸身上，可能他想得到更多的是爸爸的愛。而能夠做到自我連結，當然我們整個對話裡不斷提醒士迪要能夠自我「覺察」。

在經理指責時，在打電話給爸爸時、在對爸爸提問時，甚至在聽到爸爸的反饋時，一點一滴的細節都能夠從一個制高點觀測到自己狀態的話，人就可以在認識別人之前，認識更多自己的冰山。

依循著前文ＯＭＩＹA的幾個對話重點來操作，我們可以看見士迪一開始的問題其實根本不是問題，真正的議題在於他與經理或爸爸談話時，內在的刺激是什麼，他如何看待受到刺激的自己，並且如何回應這樣的「我」，最後才是回應經理或爸爸。

對話時，OMIYA是一個反覆來來回回需要顧慮到的元素，你也會發現這並不是線性且單向的操作步驟，當我們熟稔了以後，對話更能得心應手。

結語

蝴蝶不來，花也要開

對話的要義始終不在改變他人、說服別人做到我們自己預想的期待，當期待變成一種執念之後，這個對話自然就會走偏，朝向對話者與當事人的對立，或更有甚之，變成當事人的內在對立。

不少學員學習之後往往會冒出一個問題：「然後呢？接下來要怎麼做？」他們會把自我整合、能量提升做為「階段性」工作，想把這樣的練習做為達成目標的手段，然而，你會漸漸發現，許多眼前的問題在連接一個人渴望、拉高自我靈性的層次之後，不再以「問題」的形式呈現，而是變成一種宇宙的必然，我們要做的就是帶著高自我價值去面對而已。

拳王泰森與印度瑜伽大師薩古魯有過一段對談，泰森問薩古魯：「我曾經在拳擊界登頂，所向無敵，後來人生遇到挫折後陷入低谷，緊接著，我又回到拳擊界再次登頂，拿回拳王頭銜與尊重。但為什麼，我內在始終感到不安與恐懼？」

薩古魯說：「人類有兩個能力很特別，這也是促使人類文明發展比別的生物更快的原因，其中一個能力是記憶力，另一個是想像力，這兩個能力使人類發展飛速，但恰恰也是這兩個能力困擾著我們。

「你有沒有發現，記憶力是對於過去的事情、經驗仍然記在腦海中，所以人們會不斷的後悔、苦惱、生氣於過去發生的事；而想像力是針對未來我們可以做的事不斷在腦袋中盤算，所以人們感到恐懼、不安與焦慮。

「人們常常陷在過去或未來的記憶力與想像力中，但很少覺知當下。」體驗與覺知當下會帶給人豐沛的能量。

在我開始撰寫這本書時，《冰山對話》的編輯總監郁慧幾次聯繫我，想了解新書進度。她最後一次與我聯絡時，我才剛構思好這本書的主軸，文字量還很少，並沒有一個雛形。

當時我跟郁慧提到，新書才剛開始有一點想法，請她晚一些時候再來確認，那時候我壓根不知道這本書會何時完成，因為我似乎缺乏提筆的動力。

沒想到我再次聽到郁慧的消息時，竟是她香消玉殞與世永隔。她曾經在我出版第一本著作《冰山對話》時給予很多寶貴意見，甚至定調書名，我很是感激與懷念這一份情誼。

她的猝逝也帶給我新的刺激，在這個當下我有了新的覺知進來，對我而言，她的離開是否能夠給我帶來積極正面的影響呢？我思忖。如果有的話，就是盡力完成之前對她的承諾，再次打開電腦、翻開參考資料、整理過往文稿，積極完成新書。既然問題不是問題，留給我的就是如何提高自我的能量，勇於面對接下來的計畫。

我想帶給人的不是一套對話的技巧或人際關係的標準作業流程，我更希望大家看到的是如何把生命活得更精采、更有意義。如果人生能夠活出自己的價值，毫無遺憾，那麼為何還需要在乎他人對我們的看法呢。

「花若盛開，蝴蝶自來」這一句話我們常常聽見。但我們忽略的是，如果蝴蝶不來了，這朵花還要盛開嗎？

當然要，因為花是否綻放自己的花瓣呈現美麗的花蕊，跟蝴蝶一點關係也沒有，不是嗎？

那麼，不論翩翩飛舞的蝴蝶是否駕到，你是這朵綻放的花朵嗎？如果是，我們可以做的就是不斷滋養自己，向著陽光持續生長，展現自己最好的一面吧！

國家圖書館出版品預行編目（CIP）資料

你的問題不是問題：轉化困境為力量的薩提爾對話模式／李崇義著. -- 第一版. -- 台北市：遠見天下文化出版股份有限公司, 2025.03

面；　公分. --（心理勵志；BBP506）

ISBN 978-626-417-224-0（平裝）

1. CST：溝通　2. CST：對話

3. CST：傳播心理學

177.1　　　　114001484

心理勵志 BBP506

你的問題不是問題
轉化困境為力量的薩提爾對話模式

作者 — 李崇義

副社長兼總編輯 — 吳佩穎
責任編輯 — 許景理
美術設計 — 謝佳穎（特約）
內頁排版 — 張靜怡、楊仕堯（特約）

出版者 — 遠見天下文化出版股份有限公司
創辦人 — 高希均、王力行
遠見・天下文化 事業群榮譽董事長 — 高希均
遠見・天下文化 事業群董事長 — 王力行
天下文化社長 — 王力行
天下文化總經理 — 鄧瑋羚
國際事務開發部兼版權中心總監 — 潘欣
法律顧問 — 理律法律事務所陳長文律師
著作權顧問 — 魏啟翔律師
地址 — 台北市 104 松江路 93 巷 1 號

讀者服務專線 — (02) 2662-0012 ｜傳真 — (02) 2662-0007；(02) 2662-0009
電子郵件信箱 — cwpc@cwgv.com.tw
直接郵撥帳號 — 1326703-6 號　遠見天下文化出版股份有限公司

製版廠 — 中原造像股份有限公司
印刷廠 — 中原造像股份有限公司
裝訂廠 — 中原造像股份有限公司
登記證 — 局版台業字第 2517 號
總經銷 — 大和書報圖書股份有限公司｜電話 — (02) 8990-2588
出版日期 — 2025 年 3 月 18 日第一版第一次印行
2025 年 11 月 4 日第一版第四次印行

定價 — NT 400 元
ISBN — 978-626-417-224-0
EISBN — 9786264172257（PDF）；9786264172264（EPUB）
書號 — BBP506
天下文化官網 — bookzone.cwgv.com.tw